改訂版
トルコ・イスタンブールへ
——エキゾチックが素敵

クラリチェ洋子

はじめに

Hoş geldiniz!
イスタンブールへ、ようこそ！

　世界中からの旅行者を惹きつけてやまない街、イスタンブール。
　近年は都市開発が進み、もはや高層ビルが立ち並ぶ近代的な大都会になりましたが、今でも街のあちこちにオスマン帝国時代の建物が残っていて、当時のレトロな雰囲気をいかしながらリノベーションされ、ショップやレストランとして活用されています。

　その一方で、名所旧跡では古代ローマの遺跡でプロジェクションマッピングがはじまったり、かつては倉庫のようだった考古学博物館を秀逸なキュレーションで一流美術館のように変貌させたり、さまざまな観光施設がどんどん進化しています。レストランも、老舗は流行を取り入れ、最新の人気レストランではトルコの伝統料理のモダンなアレンジが人気で、トルコ料理の幅がぐんと広がりました。

　伝統文化には最新技術や流行を臆することなく取り入れ、新しくつくるものには古い伝統と先人の知恵をいかす──。この新旧のバランスをうまくとる感覚は、この街が長く帝都として栄え続けてきた間に、人々に、そしてもしかしたら街自体に引き継がれてきたものなのかもしれません。

　そんな、伝統と流行が魅力的に共存するイスタンブールの素敵なところをお伝えしたくて、この本ができました。トルコの歴史や伝統文化も多めにページを割いてご紹介しながら、数日から1週間程度の限られた滞在でもイスタンブールを満喫できるよう、おすすめの見どころやスポットを厳選してご案内します。この本全体を通して、イスタンブールとトルコの魅力を少しでも感じていただけたらうれしく思います。

　これからイスタンブールに行く方にも、いつかはイスタンブールに行きたいと思っている方にも、この本を楽しんでいただけますように。

Contents

- はじめに ……………………………………… 2
- イスタンブールMAP ……………………… 6
- トルコの基本情報＆トルコMAP ………… 12

イスタンブール観光と街歩き ……… 13

- 古くて新しい魅惑の街、イスタンブール … 14
- トルコの歴史 ……………………………… 16
- 世界いち幸せな、街猫 …………………… 19
- はずせない見どころ4選 ………………… 20
  - トプカプ宮殿／スルタンアフメット・ジャーミィ／
  - アヤソフィア・ケビル・ジャーミィ／
  - リュステム・パシャ・ジャーミィ
- ふたつの帝国の名所旧跡をたどる ……… 30

活気あふれる観光の中心エリア
旧市街 …………………………………… 38

- グランド・バザールへ、伝統工芸品を買いに …………………… 40
- エジプシャン・バザールへ、おみやげを探しに …………………… 44
- かわいいトルコ雑貨あれこれ …………… 46
- 問屋街──手芸好きの天国！ …………… 48
- 飲食店 ……………………………………… 49
- ターリヒ・ホジャパシャ・ロカンタラールへ … 50
- ボスポラス・クルーズ …………………… 56

新市街で人気のおしゃれエリア
ガラタ〜カラキョイ（新市街）………… 58

- 最新スポット、ガラタポートへ ………… 60
- トルコブランド案内 ……………………… 61
- ショップ …………………………………… 62
- スーパーマーケットでおみやげ探し …… 64
- 飲食店 ……………………………………… 67

オスマン帝国時代からの繁華街
イスティクラール通り〜オルタキョイ周辺（新市街）………… 73

- ショップ …………………………………… 74
- 飲食店 ……………………………………… 77
- トルコのシンボル ………………………… 82

地元のリラックス感が心地よい
カドゥキョイ ……………………………… 84

- カドゥキョイ商店街散歩 ………………… 86
- ナザール・ボンジュウ …………………… 88
- 飲食店 ……………………………………… 89
- 安くて手軽なロカンタごはん …………… 92
- イスタンブールで泊まる ………………… 96
- ホテル選びに役立つエリア案内 ………… 100

トルコの手仕事 ………………………… 101

- トルコの手仕事 …………………………… 102
- 中東の異国情緒を持ち帰る
  - トルコランプ …………………………… 104
- 贅を尽くした宝石の花たち
  - トルコタイル＆陶磁器 ………………… 106
- ターコイズブルーに魅せられて
  - トルコ石 ………………………………… 108
- イスラム伝統文化に触れる
  - テズヒップと細密画、アラビア書道 … 110
- 手から手へと渡される花たち
  - オヤ ……………………………………… 112
- あこがれと願いを織り込んで
  - キリム …………………………………… 114
- シルクロードが運ぶ花刺繍たち
  - スザニ …………………………………… 116

トルコのおいしいもの ……… 117

トルコ料理 ……… 118
イスタンブールで食べる ……… 120
トルコ料理のメニューカタログ ……… 122
ストリートフードの誘惑 ……… 126
トルコの伝統菓子を味わう ……… 128
イスタンブールのカフェ事情 ……… 130
チャイとカフヴェ ……… 132
トルコで味わいたいビールとラク ……… 133
トルコワイン ……… 134
トルコの家庭料理 ……… 136
トルコの食材 ……… 138
庶民の食卓をささえる青空市場 ……… 140
日本でつくれるトルコ料理レシピ ……… 142

体験したいこと&足のばして ……… 145

ナルギレを味わう ……… 146
あこがれのハマムへ ……… 148
ベリーダンスと民族舞踊を楽しむ ……… 150

※イスタンブールから足をのばして

オスマン帝国発祥の地へ——
ブルサ&ジュマルクズック村 ……… 152

青いタイルの故郷を訪ねて
イズニック ……… 154

古代アナトリアの歴史をたどる
アンカラ ……… 156

地球に会いに行く旅
カッパドキア ……… 158

歴史のなかを歩く旅
エフェス ……… 164

旅のヒント ……… 166
トルコ語ひと言会話&単語集 ……… 171
Index（イスタンブール）……… 172
おわりに ……… 174

※本書掲載のデータは、基本的に2024年7月現在（取材時）のものです。店舗の移転、閉店、価格改定などにより実際と異なる場合があります

※「無休」と記載してある店舗でも、イスラム暦の祝日（バイラム）は休業することがあります。なお、バイラムは年によって日にちが変わるためご注意ください

※博物館はトルコ国籍所有者と外国人で入館料が異なり、本書では外国人料金を記載しています。また、博物館やジャーミ（モスク）の見学および館内撮影等については、条件や規制が頻繁に変更されます。現地にて最新情報を確認することをおすすめします

※レストランのデータ欄では、飲みもの代をのぞいたひとりあたりの予算を、₺（250トルコリラ前後）、₺₺（500トルコリラ前後）、₺₺₺（1000トルコリラ前後）、₺₺₺₺（2000トルコリラ以上）で示しています。ただし、イスタンブールは現在価格の高騰が激しいため、事前にインターネット等で確認することをおすすめします

※トルコでは住所表記が、Cadde（大通り）＝Cad./Cd.、Sokak（通り）＝Sok./Sk.、Mahalle（町）＝Mah./Mh.、と略されています。本書ではそれぞれCad.、Sok.、Mah.で記載しています

※本書掲載の電話番号はすべて現地の電話番号です。トルコの国番号は「90」です

1

- İstanbul Havalimanı
  イスタンブール空港へ
- Emirgan Parkı
  エミルギャン公園
- Sakıp Sabancı Müzesi
  サバンジュ美術館 …p111
- Santé Wine & More
  サンテ・ワイン&モア …p135
- Beykoz Cam ve Billur Müzesi
  ベイコズ・ガラスとクリスタル博物館 …p76へ
- Japonya Başkonsolosluğu
  日本国総領事館 …p170
- Fatih Sultan Mehmet Köprüsü
  ボスポラス第二大橋
- Anadolu Hisarı
  アナドル・ヒサル
- Hilton İstanbul Bomonti
  ヒルトン・イスタンブール・ボモンティ …p99
- Pembe Yalı
  ペンベ・ヤル …p95
- Rumeli Hisarı
  ルメリ・ヒサル …p31

A

- Otogar
  中・長距離バス・ターミナル
  (イズニック行きなど)
- Kanyon
  カンヨン …p61
- Özdilek Park
  オズディレック・パーク …p61
- Bebek Hotel
  ベベッキ・ホテル
- Sankai by Nagaya
  サンカイ・バイ・ナガヤ …p81
- Metrocity
  メトロシティ …p61
- Zorlu Center
  ゾルル・センター …p61
- Paşa Bahçe
  パシャ・バフチェ …p76

イスタンブール中心部MAP p6-7

ヨーロッパ・サイド

アジア・サイド

- Sabiha Gökçen Havalimanı
  サビハ・ギョクチェン空港へ

Taksim タクスィム
Taksim Meydanı タクスィム広場
Beyoğlu ベイオール

Marmara Denizi マルマラ海

カドゥキョイMAP p11

新市街中心部MAP p10

B

- Edirnekapı
  エディルネカプ
- Edirne Kapı
  エディルネ門
- Kariye Camii
  カーリエ・ジャーミィ …p30
- Mihrimah Sultan Camii
  ミフリマー・スルタン・ジャーミィ …p32
- Haliç 金角湾
- Şişhane シシハーネ
- Tünel テュネル
- Beyoğlu ベイオール
- Pera ペラ
- Topha トプハ
- Vatan ワタン
- Theodosius Surları
  テオドシウスの城壁 …p30
- Fener フェネール
- トラムヴァイ5号線
- Topkapı-Ulubatlı
  トプカプ・ウルバトゥル
- Cibali ジュバル
- Atatürk Köprüsü アタテュルク橋
- Haliç ハリッチ
- Karaköy カラキョイ
- Galata ガラタ
- Karaköy カラキョイ
- トラムヴァイ1号線
- 旧市街MAP p8-9
- Küçükpazar キュチュックパザル
- Galata Köprüsü ガラタ橋
- Pazartekke
  パザルテッケ
- Eminönü エミニョニュ
- Eminönü エミニョニュ
- Emniyet-Fatih
  エムニエット・ファーティフ
- メトロ1号線
- Bozdo an Kemeri
  ヴァレンス水道橋 …p30
- Süleymaniye Camii
  スレイマニエ・ジャーミィ …p33
- Sirkeci スィルケジ
- Çapa şehremini
  チャパ・シェフレミニ
- メトロ2号線
- Fatih ファーティフ
- Adnan Menderes Bul.
  アドナン・メンデレス通り
- Fevzi Paşa Cad.
  フェヴズィ・パシャ通り
- Atatürk Bul.
  アタテュルク通り
- Vezneciler ヴェズネジレル
- Kapalı Çarşı
  グランド・バザール …p40
- Gülhane ギュルハネ
- Sirkeci スィルケジ
- Findıkzade フンドゥクザーデ
- Millet Cad.
  ミッレット通り
- Haseki ハセキ
- Aksaray アクサライ
- Laleli Üniversite
  ラーレリ・ユニヴァルシテ
- Beyazıt ベヤズット
- Çemberlitaş チェンベルリタシュ
- Sultanahmet スルタンアフメット
- Yusufpaşa ユフスパシャ
- Aksaray アクサライ

C

- Aksaray アクサライ
- Beyazıt ベヤズット
- Sultanahmet スルタンアフメット
- Yenikapı イェニカプ
- Yenikapı イェニカプ
- Kumkapı クンカプ
- Kumkapı クンカプ
- Cerrahpaşa ジェラフパシャ
- トラムヴァイ6号線
- Yenikapı İskelesi
  イェニカプ埠頭 (ブルサ行き高速船発着)
- Sultanahmet Camii
  スルタンアフメット・ジャーミィ (ブルーモスク) …p24
- Kocamustafapaşa
  コジャムスタファパシャ

本書紹介スポット ●見る・体験する ●買う ●食べる・飲む ●泊まる

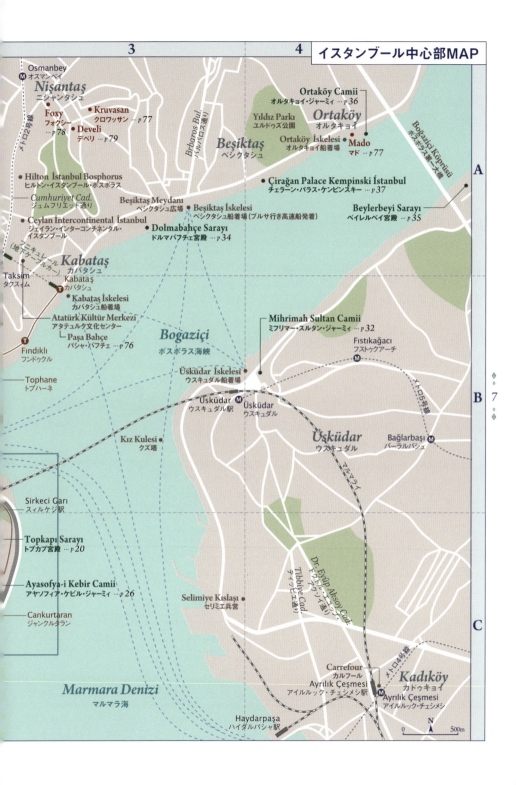

旧市街MAP

1 **2**

トゥルヨル社ボスポラス・クルーズ発着所 …p56
Eminönü İskelesi
エミニョニュ船着場
（カラキョイ、カドゥキョイへ）

Rüstem Paşa Camii
リュステム・パシャ・ジャーミィ …p28

トラムヴァイ5号線

Yeni Camii
イェニ・ジャーミィ

メトロ2号線

Eminönü
エミニョニュ

Hasırcılar Cad.
ハスルジュラール通り

Tahmis Cad.
タフミス通り

Pandeli
パンデリ …p53

正面入口

A

Mimar Sinan Cad.
ミマール・シナン通り

Ord. Prof. Dr. Cemil Birsel
ジェミル・ビルセル通り

Mısır Çarşısı
エジプシャン・バザール（ムスル・チャルシュス）…p44

Büyük Postane Cad.
ビュユック・ポスターネ通り

Süleymaniye Camii
スレイマニエ・ジャーミィ …p33

Prof. Sıddık Sami Onar Cad.
スドック・サミ・オナル通り

Uzunçarşı Cad.
ウズンチャルシュ通り

このあたりの
タフタカレ（Tahtakale）エリアに、
問屋街…p48が広がる

Asir Efendi Cad.
アシール・エフェンディ通り

Süleymaniye Cad.
スレイマニエ通り

Fuat Paşa Cad.
フアットパシャ通り

PTT
（郵便局）

İstanbul Üniversitesi
イスタンブール大学

Mercan Cad.
メルジャン通り

Şehzade Çağ Kebap
シェフザーデ・チャー・ケバブ …p50

Ⓜ Vezneciler
ヴェズネジレール

Örücüler Kapısı sok.
オルジュレルカプス通り

B

Barkırcılar Cad.
バクルジュラル通り

Nuruosmaniye Camii
ヌルオスマニエ・ジャーミィ

Nuruosmaniye Kapısı
ヌルオスマニエ・カプス（門）

Hafız Mustafa
ハフズ・ムスタファ …p49

Laleli Üniversite
ラーレリ・ユニヴァルシテ

Kapalı Çarşı
グランド・バザール（カパル・チャルシュ）…p40

Çarşı Kapısı
チャルシュ・カプス（門）

Vezirhan Cad.
ヴェズィルハン通り

トラムヴァイ1号線

Beyazıt
ベヤズット

Bileyciler Sok.
ビレイジレル通り

Çemberlitaş
チェンベルリタシュ

Yeniçeriler Cad.
イェニチェリレル通り

Gedik Paşa Cad.
ゲディックパシャ通り

Çorlulu Ali Paşa Medresesi
チョルル・アリ・パシャ・メドレセスィ …p147

Peykhane Cad.
ペイクハーネ通り

Innova Sultanahmet Hotel
イノヴァ・スルタンアフメット・ホテル

Mithat Paşa Cad.
ミトハットパシャ通り

Tiyatro Cad.
ティヤトロ通り

7 Mila
イェディ・ミラ …p54

Klodfarer Cad.
クロドファレル通り

C

Deluxe Golden Horn Sultanahmet
デラックス・ゴールデン・ホーン・スルタンアフメット …p98

Çifte Gelinler Cad.
チフテ・ゲリンレル通り

Türk İslam Eserleri Müzesi
トルコ・イスラム美術博物館 …p33

このあたりと
クンカプ駅の南側に、
シーフード・レストランが
軒を連ねる
Kumkapı
クンカプ

トラムヴァイ6号線

本書紹介スポット ● 見る・体験する ● 買う ● 食べる・飲む ● 泊まる

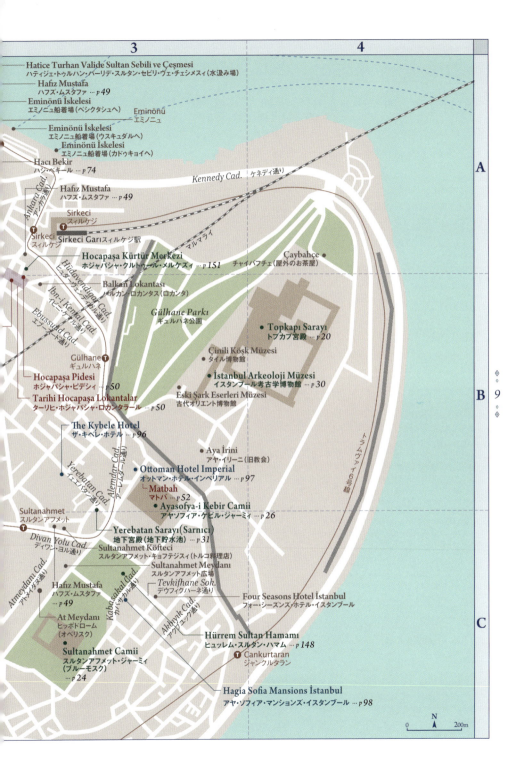

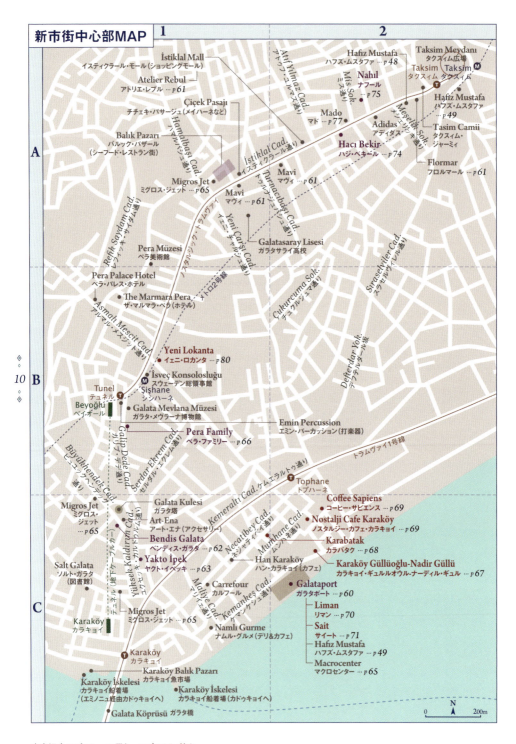

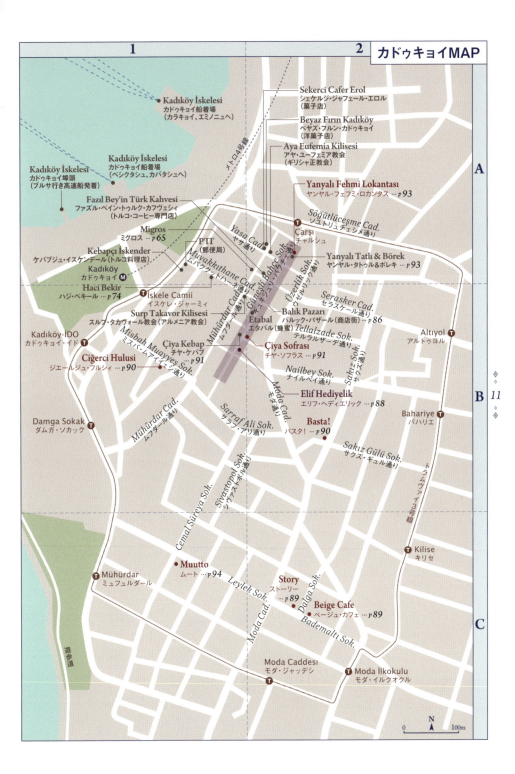

Türkiye hakkında temel bilgiler

トルコの基本情報

正式国名	トルコ共和国／Türkiye Cumhuriyeti
面積	780,576km²
首都	アンカラ
人口	87,372,377人（2023年12月 国家統計庁推定）
民族	トルコ人（ほか南東部を中心にクルド人、アルメニア人、ギリシャ人、ユダヤ人等）
政治体制	共和制
宗教	イスラム教（スンニ派、アレヴィー派）が99%
言語	トルコ語
通貨	トルコリラ（TL）、補助通貨はKr（クルシュ）。1TL＝約4.4円（2024年10月現在）
日本との時差	6時間。日本が正午のとき、トルコは午前6時

İstanbul'da gezilecek yerler

イスタンブール観光と街歩き

古くて新しい魅惑の街、イスタンブール

ボスポラス海峡を挟んでヨーロッパとアジアというふたつの大陸にまたがる世界唯一の街、イスタンブール。街といっても東京都と大阪府をあわせたよりも広い大都市自治体で、観光で訪れるエリアはそのごく一部の中心地です。とはいえ1600年以上帝都として栄えてきた場所とあって、大きく3つに分けられる旧市街、新市街、アジア側それぞれの地区は、歴史的背景から醸し出される街の雰囲気が大きく異なります。

歴史と伝統の旧市街

歴史遺産が数多く残り、観光の中心となるのが旧市街。なかでも見どころが多いスルタンアフメット地区と、今も問屋街がありかつてシルクロード交易の拠点だった面影を残すエミノニュ地区は、イスタンブールでもっとも活気のあるエリアのひとつです。そのほか官公庁街でありながら下町的な雰囲気が漂うアクサライ地区、アラブ系移民が多くイスラムの伝統が色濃く感じられるファーティフ地区などがあります。

都会的な雰囲気の新市街

新市街のメインエリアは、タクスィム広場やイスティクラール通りがあるベイオール

新市街側カラキョイから望む旧市街とスレイマニエ・ジャーミィ(写真右奥)。

地区。その周囲にはガラタやニシャンタシュ、オルタキョイなど、古くから在住外国人が多く文化的な雰囲気が漂うエリアが点在し、今もにぎわっています。その先は再開発が進み、高層ビルが立ち並ぶオフィス街や新興住宅街が広がっていて、地下鉄網も整備されつつあります。

海峡の向こうはアジア側

ヨーロッパ側の新・旧市街からボスポラス海峡を渡った対岸がアジア側。商業地区でにぎやかなカドゥキョイと、住宅街が多く保守的な雰囲気のウスキュダルが、アナトリア（小アジア半島）の玄関口です。新・旧市街で働き、家はアジア側にあるという人も少なくありません。地元の人たちの生活圏とあって物価も新・旧市街にくらべて安く、心なしか人々がのんびりしていて、普段着のイスタンブールを垣間見られるエリアです。こちら側も都市開発が進み、以前は緑地や畑の多かった郊外の姿が変わりつつあります。

かつては海に分断され、ヴァプール（連絡船）だけで行き来していた3つの街区。20世紀後半にボスポラス大橋が建設され、新市街とアジア側が陸路でつながりました。そして2010年代に、海峡横断海底トンネルとマルマライ鉄道が開通し、ようやく「トルコ150年の夢」とまでいわれた旧市街とアジア側を結ぶ陸路が完成したのです。さらにボスポラス第三大橋も架けられ、名実ともに「ひとつの大都市」となったイスタンブール。この街は、コンスタンティノープルと呼ばれたはるか昔からずっと、世界いちを目指して成長を続けているのです。

İstanbul

トルコの歴史

神秘の古代文明、古代ローマの都市遺跡、絢爛豪華なオスマン朝時代の建造物……。トルコは歴史遺産の宝庫です。名所旧跡めぐりをより楽しめるように、紀元前どころか有史以前にまでさかのぼるトルコの歴史をかいつまんでご紹介します。

神秘のベールにつつまれた古代トルコ
紀元前1万年〜

　世界最初の文明——。それはメソポタミア文明でもエジプト文明でもなく、トルコの南東部シャンルウルファにあるギョベクリテペ遺跡であることが、近年明らかになっています。紀元前1万年頃、つまり石器時代につくられた巨石神殿という説が有力で、同じく神殿といわれるマルタの巨石神殿群（紀元前3000年前後）やエジプトのギザのピラミッド（紀元前2500年前後）より何千年もはるか昔から、人間は崇高なものを崇めていたということは、非常に興味深いものです。

　その後、まだ解明されていない長いときを経て、トルコの歴史上初の王国といわれるのが紀元前17〜13世紀にハットゥシャを帝都としてアナトリア（小アジア半島）中央部で栄えたヒッタイト帝国です。製鉄技術や戦車の発明で強国となったヒッタイトは、最盛期のムルシリ2世の時代に、同じく最盛期にあった古代エジプト王国のラムセス2世と戦って勝利を収め、世界最初の講和条約が結ばれました。それほど強大であったヒッタイト帝国が滅亡した原因は、異民族の侵略とも、天候異変による干ばつともいわれ諸説あります。その後のアナトリアにおける諸王国の盛衰興亡についても詳細がわからないことが多く、古代トルコ史はまだまだ神秘と謎に満ちていて、現在もなお発掘と研究が続けられています。

1. 発掘が続くギョベクリテペ遺跡。新石器時代当時、人々はまだ毛皮を身に着け、狩猟採集生活を送っていた。2. ハットゥシャは首都アンカラ郊外にあり、遺跡群は世界遺産として登録されている。©Emiralikokal｜Dreamstime.com

古代ギリシャ・ローマ時代から東ローマ帝国へ
紀元前9世紀頃〜13世紀頃

　トルコはヨーロッパなのか中東なのか、よく聞かれる質問ですが、エーゲ海・地中海沿岸部の古代史をみると、この地域がヨーロッパの一部として発展してきたことがわかります。アナトリア西側沿岸部は、おだやかな海の向こうにギリシャの島々が見え、木船でも容易に往来できたことが想像できます。木馬の逸話で有名なトロイや見事なギリシャ都市遺跡のエフェス（p164）などを訪れてみると、ギリシャ文明圏であったことが一目瞭然。まぎれもなくヨーロッパだったのだな、と思えます。

　いくつもの都市国家の興亡が繰り返された後、トルコではじめて西と東の歴史がひとつの流れになるのは紀元前4世紀頃。古代ギリシャの一国であったマケドニア王国のアレキサンダー大王が、エーゲ海を経由してアナトリアを征服し、そのままペルシャ、エジプト、果てはインドまで遠征し、巨大な帝国を築きました。その後、この地はセレウコス朝シリアの支配下に入ります。

　ヨーロッパの文化と歴史に多大な影響をおよぼしたキリスト教にも、意外なことにトルコは大きく関係しています。エフェス近郊には、聖母マリアと使徒ヨハネが迫害を逃れて隠れ住んだ終の住処と伝えられる場所があり、奇岩群で有名なカッパドキア（p158）には、弾圧されていた初期のキリスト教徒が迫害を逃れて隠れ住みながら信仰を守った地下都市などの遺跡がたくさんあります。キリスト教発祥の地、イスラエルと海を隔てて対岸にあるトルコは、キリスト教のゆりかごでもあったのです。

　そのキリスト教はやがて、西トルコにも勢力を拡大していたローマ帝国の国教になります。330年に東ローマ（ビザンティン）帝国の首都となったコンスタンティノープルには、アヤソフィア（p26）をはじめ教会が建てられ、水道橋や城壁、地下貯水池（通称「地下宮殿」）（p31）などの都市機能も整備され、帝都として繁栄していきます。

1. 都市国家のひとつ、リディア王国の首都サルディスのアルテミス神殿遺跡。2. 東ローマ帝国テオドシウス帝が、エジプト・カルナック神殿から戦利品として持ち帰ったオベリスク。

アナトリアの覇者、オスマン帝国の誕生
13世紀〜1923年共和国宣言まで

　今でこそトルコといえばオスマン朝、そしてイスラムの国というイメージですが、アナトリアがイスラム圏となったのは、中央アジア起源のイスラム系セルジューク朝がアナトリアに進出してきた11世紀頃のこと。その後の十字軍の侵攻による衰退で混乱したところに台頭し立国したのがオスマン朝で、13世紀半ばから15世紀半ばまで、ブルサ(p152)とエディルネに遷都しながら領土を拡大していきます。そしていよいよ、最後の砦であったコンスタンティノープルを陥落させ、東ローマ帝国を滅亡に追い込んだのが1453年。このときに街は改名され、イスタンブールとなります。

　16世紀のスレイマン大帝の時代に、オスマン帝国は最盛期を迎えます。その頃の栄華は、トプカプ宮殿(p20)やスレイマニエ・ジャーミィ(p33)を訪れれば実感できるでしょう。中東からアフリカ、アジアまでも勢力を広げたオスマン朝ですが、18世紀頃からヨーロッパ諸国の台頭におされ、次第に衰退を見せはじめます。とはいうものの、19世紀に建立されたドルマバフチェ宮殿(p34)やベイレルベイ宮殿(p35)を見学すると、オスマン帝国が有した世界最大の巨万の富による桁違いな豪華絢爛ぶりに驚くはず。ほぼ500年にわたって続いたオスマン帝国の文化遺産を見くらべる際には、技術や芸術の発展の歴史にも注目してみるといいでしょう。

　やがて西洋化の波と周辺国の人民運動の影響に押され、オスマン帝国は最期を迎えます。1923年にムスタファ・ケマルにより共和国宣言がなされ、トルコ共和国が成立。初代大統領となり、アタトゥルク(トルコの父)の称号を与えられたムスタファ・ケマルは、トルコの民主化と近代化を大きく推し進めました。今でもありとあらゆる場所に肖像が飾られ、国民の尊敬と親愛の的であり、政教分離を国是とする民主主義のシンボルとして崇められています。

1.スレイマン大帝の息子、セリム2世の寄進によるエディルネのセリミエ・ジャーミィ。Photo: Elizabeth Coughlan 2.トルコ共和国国旗。三日月と星はオスマン朝の故事に由来し、進歩・国民の一致・独立を意味する。

世界いち幸せな、街猫

　イスタンブールでは、どこへ行っても猫がいます。ほとんどが街猫で、みんなが適当にやる餌や水をもらい、近隣の店に自由に出入りし、好き勝手にのんびりと暮らしています。とくに、魚市場のあるカラキョイとカドゥキョイには毛並みのいい猫がたくさんいるので、猫好きさんはぜひ会いに行ってみてください。

1. 日当たりのよいベンチは猫の特等席。 2. ごちそうを食べにレストランへ。 3. トルコ語で猫は「ケディ」。 4. トルコの猫もやっぱりすみっこが好き。 5. ガラタ楽器街の店先で。(※猫は非売品です) 6. 受付に行ったら猫しかいなかった……なんてことはトルコではよくあること。 7. 博物館だってどこだって、出入り自由。 8. トルコで猫を呼ぶときは、「プスプスプス」っていってみよう。 9. 画廊で警備の仕事をしてるにゃー。 10. トルコの猫はちょっと細身。 11. 家も餌も自由もあって、世界いち幸せ！

はずせない見どころ4選

Topkapı Sarayı
トプカプ宮殿

オスマン朝の光と影、ハーレムを訪ねる

オスマン帝国の栄華のシンボルともいえるトプカプ宮殿。イスタンブール征服後にメフメット2世の命で、1460年頃から約20年かけて建設されました。外廷、内廷、後宮から構成されています。19世紀に西洋式のドルマバフチェ宮殿（p34）が完成するまでの約400年、外廷では皇帝とその臣下が政治を行い、内廷と後宮には歴代の皇帝と子どもたち、そして寵姫たちが暮らしました。

歴代の皇帝が増改築を重ねてより豪華になっていったといわれる宮殿の見どころは、なんといっても後宮（ハーレム）。有名な「スルタンの広間」や「ムラト3世の部屋」はもちろん、ハーレムの頂点である母后の居室や専用のハマムなどの大理石、色あざやかなタイル、象嵌、ステンドグラスを使い、贅を尽くした内装は感嘆するばかりです。

また、敷地内の宝物館には、歴代の皇帝と寵姫たちを飾った冠や装飾品、衣服、身のまわりの品や食器類が展示されています。当時の建築や工芸技術の最高峰である宮殿の建物と当時の調度品の両方を見学することができる、世界でも希少な博物館です。ぜひとも時間をかけてじっくり見学してください。

1. ハーレム最大の「スルタンの広間」。ここでは祝日の宴や音楽の集いが催された。
2,3.「スルタンの広間」の天井を埋め尽くす豪華絢爛な装飾とシャンデリア。

「皇帝の門」と呼ばれるトプカプ宮殿への正門。

果物の木が壁一面に描かれている「フルーツの間」。かつて食堂として使われていた。©Sibel Aisha | Dreamstime.com

なかなか外出することのできないハーレムの女性たちにとって、格子窓越しに眺めるボスポラスと市街はどのように見えたのだろう。

バーリデ・スルタン（母后）の居間。ハーレムの女性たちに君臨する皇帝の母には、専用の居間やハマムがあり、特別待遇だった。

白大理石と金箔でつくられた皇帝のためのハマム。マッサージ台やトイレまですべてが白大理石の豪華な空間。

1. エメラルドの緑色は、イスラム教では神聖な色。ほかに金、ターコイズ、ルビー、真珠が装飾品に多用された。2. 宮廷敷地内に工房があり、写真のブローチのような宝飾品が制作された。3. コーランの収納箱もこんなに豪華。4. 世界最大級のエメラルドが3つも使われた通称「トプカプの短剣」。

聖遺物コーナーに展示された預言者ムハンマドの足跡。

— Info —
Sultanahmet ／ 0212-512-0480 ／ www.muze.gen.tr ／ 4〜10月9:00〜19:00（ハーレム17:00)、1〜3・11・12月9:00〜17:00（ハーレム16:00)、火曜休 ／ コンビチケット（宮殿、ハーレム、アヤ・イリーニ）1700TL ／ トラムヴァイGülhane駅から徒歩8分

| Map | p9 B-4 |

◎博物館内の写真撮影ルールについては変更の可能性があるため、現地の案内板などで確認を

Sultanahmet Camii — スルタンアフメット・ジャーミィ（ブルーモスク）

青色のドームが輝く壮麗な建築

　正式名称はスルタンアフメット・ジャーミィですが、内装の青の美しさから通称ブルーモスクと呼ばれています。26本の柱に支えられた大ドーム、4つの中ドームと30の小ドーム、そして世界でもめずらしい6本の尖塔から構成されていて、オスマン朝最盛期の1616年に完成しました。この6本の尖塔は、皇帝が「塔はアルトゥン（金）に」といったのを、その膨大な建設費用に頭を抱えた家臣が「アルトゥ（6本）」と聞き間違えたことにしてしまった、というなんともとぼけた逸話があります。

　当時高価だったイズニックタイルを2万枚以上惜しげもなく使用した内装やメッカの方向を示すミフラーブ、ミンバル（説教壇）は建設当時のまま。現在も現役のモスクとして使用されているため、日に5回のお祈りの時間にはイスラム教徒以外は立ち入り禁止となります。内装はもちろんですが、夜にライトアップされた外観もエキゾチックでとても美しい。また、前の広場は、気候のいい時期には地元の人たちにとって格好の夜の散歩コースになっています。

1. 日没のお祈り前に内部見学に行って、ライトアップまで見てくるのがおすすめ。©Nikolai Petrov | Dreamstime.com
2. チューリップはイスラム教においてアッラーを象徴する神聖な花。モスクの絨毯にはチューリップ柄を多く見かける。 3. 門をくぐると、回廊と手洗所がある内庭は、典型的なモスクの建築様式。©Vincentstthomas | Dreamstime.com

— Info —

Sultanahmet / 9:00〜日没（ただし礼拝時間は入場不可）/ 喜捨歓迎 / トラムヴァイSultanahmet駅から徒歩3分

| Map | p9 C-3 |

ブルーモスクと呼ばれる由来ともなった青のタイルが美しい天井。観光客が多いけれど、お祈りをする人たちもいるのでモスク内ではお静かに。©Artur Bogacki | Dreamstime.com

Ayasofya-i Kebir Camii — アヤソフィア・ケビル・ジャーミィ

キリスト教の聖母子像と、アッラーや預言者ムハンマドのアラビア文字が並んでいる様は、この建物の数奇な運命を物語っている。

キリストの前にひざまずく東ローマ帝国皇帝を描いたとされるモザイク画。

― Info ―
Ayasofya Meydanı, Sultanahmet / 0212-522-1750 / ayasofyaikebircamii.gov.tr / 4〜10月9:00〜19:00、1〜3・11・12月9:00〜16:30、月曜休 / 入場料€25 / トラムヴァイSultanahmet駅から徒歩4分

| Map | p9 B-3 |

数奇な運命をたどり続ける

　ビザンティン建築の最高峰ともいえるイスタンブールのアヤソフィア。以前は博物館でしたが、2020年7月にモスクに変更されました。そのため一時期は無料公開されていましたが、2024年現在は有料公開中で、非イスラム教徒が入れる場所や時間に制限があります。見学条件が頻繁に変更されているので、入場前に最新情報の確認をおすすめします。

　そんな状況ではありますが、モザイク画やフレスコ画の聖母子像やキリスト像は、現在でも見学することができます。キリスト像とイスラム教のシンボルが同じ建物のなかに共存している世界でも稀有な内装は、一見の価値があります。モスクのため女性はスカーフをお忘れなく。

> 私の名前はアヤソフィア……

イ スタンブールがまだコンスタンティノープルだった4世紀半ば、私は当時国教だったキリスト教の総本山として建てられました。2度の焼失と何度か崩落を繰り返しましたが、6世紀にユスティニアヌス1世が再建。後世の皇帝たちがたいそう美しいモザイク壁画をいくつも追加して、私を美しく装飾し、帝国いちの美女として大切にしてくれました。ところが15世紀になりイスラム教のオスマン朝がこの地を制圧すると、私はなんとイスラム教のモスクに変えられてしまったのです。あまりの壮麗さに私を破壊することをためらったメフメット2世ですが、さすがに異教のシンボル聖母子像のモザイク壁画は漆喰で壁のなかに塗り込めてしまいました。でも美しいものはお好きだったようで、ステンドグラスやイズニックタイル、繊細な細密画で私を飾ってくれたので、まぁ、お化粧直しをしたと思うことにしたのです。

同じ頃、私のすぐそばにトプカプ宮殿が建てられました。とても美しい建物だったので、ちょっと嫉妬してしまったぐらい。グランド・バザールができたのも同時期で、スルタンアフメット・ジャーミィやスレイマニエ・ジャーミィはもう少し後のことでした。

繁栄を極めたオスマン帝国も18世紀頃から次第に衰退し、20世紀のはじめには軍事クーデターが起きて、トルコも第一次世界大戦に参戦。次の対ギリシャ戦争では、トルコが辛くも勝利したので私はモスクのまま残ったけれど、もしギリシャが勝っていたら、私はまた教会に戻されたのかしら……。

その後、ムスタファ・ケマルという青年が1923年にトルコ共和国を樹立し、トルコの近代国家を目指して西欧主義に徹しました。そして困ったのが私の存在。かつてキリスト教の総本山だったのに今はモスクだなんて、ヨーロッパの人たちにちょっと顔をしかめられそうでしょ？ そこで頭のいい彼は、モスク装飾はそのままに、教会だった頃のモザイク壁画を修復し、東西文化の融合とトルコ近代化の象徴として私を「アヤソフィア博物館」にしたのです。そしてしばらくは世界中から観光客をお迎えしていたのだけれど、最近またときの政権の意向でモスクに戻りました。それもきっと私の運命……。今も、そしてこれからも、私は世界唯一の存在として、トルコの行末を見守っていきたいと思います。

典型的なビザンティン教会建築様式にモスクのミナーレ(尖塔)が増設された外観も、内装と同様に世界でも希少。

Rüstem Paşa Camii ── リュステム・パシャ・ジャーミィ

イズニックタイルの美しさが秀逸

　モスク見学、どこか1か所だけおすすめは？ と聞かれたら、私のおすすめはリュステム・パシャ・ジャーミィ。エミノニュの問屋街にひっそりと立つこのモスクは、スレイマン大帝の娘婿であったリュステム・パシャのために巨匠建築家ミマール・シナンが設計し、1561年に完成したものです。建物自体は小さいものの、イズニックタイルを惜しげもなく使用した内部装飾が秀逸です。タイルの美しさはことに有名で、このモスクのタイル画集が出版されているほど。観光客もお祈りに来る人も少ない場所なので、ゆっくりじっくり、それこそタイルの一つひとつを観賞することができます。

　少々わかりにくい場所にありますが、迷ったら周囲の商店の人に道をたずねれば快く案内してくれるでしょう。トルコのモスクは一般的に周囲や建物の階下が商店になっていて、その賃料で運営されています。歴史遺産と普段の生活があたりまえのように共存している、とても旧市街らしい場所です。

イスタンブール近郊のイズニックでは、15〜16世紀にかけてオスマン王朝の庇護のもとイズニックタイルの生産が盛んに行われ、モスクや宮殿などの建築に使用された。Photo: Naho Baba

1. 典型的なモスク建築様式だけれど、内装に使われているタイルの美しさはトルコ随一といわれている。2. モスク内部の天井。複雑な木彫りの模様が美しい。Photo: Naho Baba 3. ハスルジュラール通りにあるモスク入口。とてもわかりにくいので、迷ったら近くの人に声をかけて。Photo: Naho Baba 4. エジプシャン・バザール前の広場から見えるシンプルなモスク外観。

— Info —

Hasırcılar Cad. No.:62 Eminönü ／ 日の出〜日没（ただし礼拝時間は入場不可）／ 喜捨歓迎 ／ トラムヴァイ Eminönü駅から徒歩6分

Map ｜ p8 A-2

ふたつの帝国の名所旧跡をたどる

千年の栄光 東ローマ帝国（ビザンティン）

西暦330年に東へ領土を拡大してきたローマ帝国皇帝コンスタンティヌス1世が、ギリシャ人植民都市ビザンティオンを自らの名を冠したコンスタンティノープルへと改名。その後千年もの間、帝都そして東西交易の中心地として栄えたこの街には、街と城を守る市壁、水道橋や貯水池、競馬場や教会など、都市の重要な機能が整備され、当時「都市の女王」と称えられました。

♦ この時代のその他の見どころ
- ◎ アヤソフィア・ケビル・ジャーミィ …… p26
- ◎ ヴァレンス水道橋 …………… Map p6 B-2
- ◎ テオドシウスの城壁 ………… Map p6 B-1
- ◎ カーリエ・ジャーミィ ………… Map p6 B-1
- ◎ アヤソフィア・ジャーミィ（イズニック） …………………………… p154

İstanbul Arkeoloji Müzesi — イスタンブール考古学博物館

1. キュレーションが秀逸で、まるで美術館のように展示が美しい博物館。
2. ライオンを従える古代アナトリアの地母神キベレは、豊穣と癒しの象徴。

国内でもっとも歴史ある博物館

古代ローマ時代の展示品がとくに充実していて、等身大以上の歴代ローマ皇帝やギリシャ神話の神々の大理石像は圧巻。アナトリア由来の女神キベレやアルテミス、アフロディテ像はため息がでるほどの美しさです。当時の生活用品や装飾品などの展示もあるので、エフェスなどの遺跡を訪れる予定のある人は、ぜひこちらも。

— Info —
Alemdar Cad. Osman Hamdi Bey Yokuşu, Gülhane / 0212-520-7740 / muze.gen.tr / 9:00〜21:00（最終入館20:00）、バイラム休 / 入館料€15 / トラムヴァイGülhane駅から徒歩6分

| Map | p9 B-3 |

東ローマ帝国時代にはコンスタンティノープル、オスマン帝国時代にはイスタンブールとしてそれぞれに繁栄を極めたこの街には、たくさんの名所旧跡が残っています。歴史的建造物は、その時代背景や由来を知ればさらに興味が増すもの。それぞれの時代ごとに名所を見てまわる歴史散歩に出かけましょう。

Yerebatan Sarayı (Sarnıcı)
地下宮殿（地下貯水池）

蛇の髪をもつギリシャ神話のメデューサの頭が柱の土台に。

水と光が織りなす幻想空間

　4世紀にコンスタンティヌス1世により建造された貯水池で、6世紀にユスティニアヌス帝がさらに拡張。ライトアップされ暗闇に浮かぶ白い石柱が果てしなく続く壮観な姿から、地下「宮殿」という別名がつきました。現在夜の部はさらに凝ったライティングの効果で、より幻想的な空間が楽しめます。

— Info —
Alemdar Mah. Yerebatan Cad. No.:1/3 Fatih／0212-512-1570／9:00〜18:30、19:30〜23:50、無休／入場料900TL（9:00〜18:30）、1400TL（19:30〜23:50）／トラムヴァイSultanahmet駅から徒歩2分

Map　p9 B-3

Rumeli Hisarı
ルメリ・ヒサル

1. 海峡からの侵略者を見張っていた城塞なので、ボスポラス海峡を一望できる絶景スポット。
2. 敷地内にモスクや集会所もあり、兵士たちが暮らしていた様子がうかがえる。

絶景が楽しめる城塞跡

　海と城壁に囲まれ難攻不落だったコンスタンティノープル攻略の拠点として、メフメット2世が造設した城塞。ボスポラス海峡を見下ろす小高い丘の上にあり、城壁や貯水室など旧跡自体も興味深いですが、実はここからの眺めが素晴らしい。天気のよい日をねらって訪れてみてください。

— Info —
Yahya Kemal Cad. No.:42 Rumelihisarı Mah. Sarıyer／0212-263-5305／9:00〜19:00（最終入場18:00）、月曜休／入場料€6／カバタシュからバスで30分

Map　p6 A-1

オスマン帝国の栄華

Mihrimah Sultan Camii
ミフリマー・スルタン・ジャーミィ

外観からは想像がつかない、赤い絨毯と花模様のステンドグラスがかわいらしい内装。

ウスキュダルのシンボル

　スレイマン大帝の愛娘で、宰相リュステム・パシャの妻となったミフリマー・スルタンが寄進したモスク。スレイマニエ・ジャーミィを設計した建築家シナンが手がけました。ミフリマーに恋したシナンが叶わぬ想いを込めて建てたといわれ、女性的な色づかいの内装が美しい。ミフリマー（月と太陽の意）の名にちなんで、対となる同名のモスクが旧市街のファーティフにもあります。

— Info —
Mimar Sinan Mah. Üsküdar ／ 日の出～日没（ただし礼拝時間は入場不可） ／ 喜捨歓迎 ／ マルマライÜsküdar駅から徒歩1分

| Map | p7 B-4 |

　オスマン帝国がもっとも栄えたのは16世紀半ば。賢帝スレイマン大帝は46年という長い在位期間中に領土を次々と拡大し、帝国を繁栄に導きました。この時代のもうひとりの主役といえばスレイマン大帝の愛妾で、奴隷から母后（君主の母）までのぼりつめたヒュッレム。彼女のドラマチックな人生と、ハーレムの様子、壮大な帝国の歴史を描いた長編ドラマ「Muhteşem Yüzyıl」（邦題「オスマン帝国外伝」）は、放映当時、中近東はもちろん欧米や日本でも大人気に。実在したドラマの登場人物たちに所縁の深い名跡は、旅行客たちに大人気です。

♦ この時代のその他の見どころ
◎ トプカプ宮殿 p20
◎ スルタンアフメット・ジャーミィ p24
◎ リュステム・パシャ・ジャーミィ p28

Süleymaniye Camii

スレイマニエ・ジャーミィ

旧市街を見下ろす壮麗なるモスク

　スレイマン大帝の寄進により7年の歳月をかけて建てられたモスクで、1557年に完成。世紀の建築家シナンの最高傑作といわれています。愛娘ミフリマーや愛妃ヒュッレムもここの霊廟に眠っています。モスク自体はもちろん、神学校や隊商宿、救貧院やハマムなどから構成される典型的なキュリエ（公共施設複合体）の建築形態がそのまま残っているのも見どころ。イスラム色の濃いエリアにあるので、往復時に通る街並みや雰囲気も興味深いです。

1. 威風堂々とした白亜のモスク。「7つの丘の街」といわれるイスタンブールを見晴らす場所に立つ。2. 定時のお祈りの時間外にもコーランを読んでいたり、熱心に祈る人々の姿が。

— Info —

Süleymaniye Mah.Prof.Sıddık Sami Onar Cad.No.:1 Fatih ／ 日の出～日没（ただし礼拝時間は入場不可）／ 喜捨歓迎 ／ トラムヴァイEminönü駅から徒歩20分

| Map | p8 A-1 |

Türk ve İslam Eserleri Müzesi

トルコ・イスラム美術博物館

世界のイスラム美術を学ぶ

　スレイマン大帝の宰相として活躍したイブラヒム・パシャと、皇妹ハティジェ・スルタン夫婦が住んだ屋敷を改装した博物館。建物はもちろん、展示されている巨大なカーペットやコーラン台など大型展示品が当時の高級貴族の生活をしのばせます。ただし服飾品や調度品は、トプカプ宮殿やドルマバフチェ宮殿の宝物館のほうが充実しているので、キラキラ好きな人はそちらへどうぞ。

— Info —

Binbirdirek Atmeydanı Cad. No.:12 Fatih ／ 0212-518-1805 ／ 9:00～17:00、月曜休 ／ 入館料€17 ／ トラムヴァイSultanahmet駅から徒歩5分

| Map | p9 C-3 |

1. 実際にこの大きな屋敷で使用されていた巨大な絨毯も展示されている。

オスマン帝国の黄昏

長い安定の時代に巨万の富をもって独自の文化を発展させてきたオスマン帝国も、時代の流れとともに西洋文化の影響を強く受けるようになります。19世紀後半、アブドゥル・メジト1世とアブドゥル・アジズ帝の時代には、オスマン帝国の富を西洋列強に見せつけるため新しい宮殿がいくつも建てられました。オスマン帝国の威信をかけて、贅を尽くしたロココ様式やバロック様式と、伝統的なオスマン建築の折衷様式が生みだされたのです。建物だけでなく内装や調度品も当時のものが見学できる世界有数の宮殿は、思わず声を上げてしまうほど見事です。

Dolmabahçe Sarayı ドルマバフチェ宮殿

1. ボスポラス海峡側からの眺め。団体客も多く混雑するスポットなので、午前中早めの観光がおすすめ。
©Jasmineforum | Dreamstime.com

豪華絢爛な西洋風宮殿

19世紀半ば、オスマン帝国の西欧化と近代化を目指したアブドゥル・メジト1世は、帝国の伝統の象徴であるトプカプ宮殿を離れることを決意。ヨーロッパ側のボスポラス海峡沿いに、西洋式宮殿を建てました。公式の場の本殿はほぼ西洋式、生活の場のハーレムは西洋風を取り入れた伝統のオスマン様式でした。この宮殿はトルコ共和国となってからアタテュルク公邸としても使われました。1938年にこの宮殿の寝室でアタテュルクが亡くなったことから、トルコ人にはひときわ思い入れの深い名跡でもあり、国内外から多くの人々が訪れます。

— Info —
Vişnezade Dolmabahçe Cad. Beşiktaş / 0212-236-9000 / 9:00〜17:00、月曜休 / 入館料1200TL（ハーレムと絵画博物館込み）※www.millisaraylar.gov.trから予約可 / Beşiktaş船着場から徒歩9分

Map | p7 A-3

Beylerbeyi Sarayı

ベイレルベイ宮殿

ボスポラスに佇む夏の離宮

　19世紀後半、アブドゥルアジズ帝によって、夏の離宮兼迎賓館としてアジア側のボスポラス海峡沿いに建立されました。バカラのシャンデリア、絨毯の名産地ヘレケの絨毯、寄木細工の壁や螺鈿(らでん)細工の家具、壁の装飾絵など、豪華絢爛な内装と調度品が当時の姿のまま公開されています。サロンに噴水があったり、2階の床がゴザだったり、夏を涼しく過ごす工夫も興味深く見飽きることのない館内は、ぜひとも音声ガイド（日本語あり）を借りてじっくりひと部屋ずつ見学してください。

　見どころが集まるエリアからは少し離れているためドルマバフチェ宮殿よりも入館者が少なく、料金も手頃なので私のイチオシです。とくに夏の暑い時期に行くと、夏の離宮の意味が体感できておすすめです。

1. 館内撮影禁止のため、絢爛豪華な内装を写真でご紹介できないのが残念！ 2. 庭園内のサンルームがカフェになっている。

— Info —
Beylerbeyi Abdullahağa Cad. Üsküdar ／ 0212-236-9000 ／ www.millisaraylar.gov.tr ／ 9:00～17:00、月曜休 ／ 入館料400TL ／ ウスキュダルからバスで15分

| Map | p7 A-4 |

Ortaköy Camii

オルタキョイ・ジャーミィ

フォトジェニックなピンク・モスク

　オルタキョイをひときわ有名にしている、フォトジェニックなモスク。正式にはビュユク・メジディエ・ジャーミィ（Büyük Mecidiye Camii）という名称ですが、地元の人にもオルタキョイ・ジャーミィとして知られています。ボスポラス第一大橋のたもとに位置するこのモスクは、ドルマバフチェ宮殿と同じ建築家による設計で、構造は一般的なモスクと同じですが、白とサーモンピンクの壁、クリスタルと金を多用した内装は、ネオバロック様式とオスマン様式の見事な折衷デザインです。あまりのかわいさに写真を撮るのに夢中になってしまいそうですが、お祈りの場であることを忘れずに。

1.金とサーモンピンクの内装にシャンデリアが美しい内装。2.正面側はピンクの外壁が、まるでおとぎの国のモスクのよう。3.ミフラーブはメッカのカアバ（聖殿）の方向を示している。

— Info —
Mecidiye-Mecidiye Köprüsü Sok. No.:1 Beşiktaş ／ 日の出～日没（ただし礼拝時間は入場不可）／ 喜捨歓迎 ／ カバタシュからバスで20分

| Map | p7 A-4 |

Çırağan Palace Kempinski　　チュラーン・パレス・ケンピンスキー

宮殿ホテルの贅沢な空間

　元はアブドゥルアジズ帝の私邸として建設されましたが、その後の火災で外壁を残して焼失。そのまま放置されていたのを日本企業が大規模修復を行い、現在は国際的ラグジュアリーホテルチェーン、ケンピンスキーが運営するイスタンブール最高級ホテルになっています。

　修復されたものとはいえ、当時をしのばせる豪華絢爛な内装が美しく、とくにレストラン棟の大理石のホールが見事。博物館ではないので撮影OKなのもうれしい。宿泊はなかなか手が出ないかもしれませんが、お茶やカクテルを楽しみがてら、ドルマバフチェ宮殿見学の後に立ち寄り、オスマンの姫気分を味わってみてはいかが？

— Info —
Yıldız, Çırağan Cad. No.:84 Beşiktaş / 0212-326-4646 / www.kempinski.com/en/ciragan-palace / カバタシュからバスで15分

Map　｜　p7 A-4

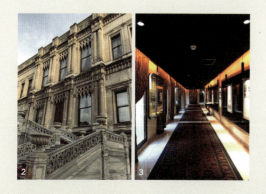

1,2.建設当時の雰囲気を色濃く残したレストラン棟の豪華な中央ホールとその外観。3.客室棟とレストラン棟をつなぐ渡り廊下には、この建物の歴史ギャラリーが。

活気あふれる
観光の中心エリア

旧市街

| Map | p8-9 |

イスタンブール観光の中心といえば旧市街。トルコ語ではエミノニュやスルタンアフメットと地区名で呼ばれるこのエリアには歴史的な名所旧跡が点在し、「イスタンブール歴史地域」として世界遺産に登録されています。ホテルやみやげもの店、飲食店が軒を連ね、観光客やそこで働く人たち、商売人などでいつもごった返しています。そんな旧市街が持つ独特でエネルギッシュな雰囲気に圧倒されるはず。それほど広くないエリアなので徒歩だけでめぐることも可能ですが、やはり路面電車のトラムヴァイを利用するのが便利です。本書で取り上げて

◆ 旧市街にある
　トラムヴァイの駅と見どころ

Eminönü（エミノニュ）駅
| リュステム・パシャ・ジャーミィ …… p28
| スレイマニエ・ジャーミィ …… p33
| エジプシャン・バザール …… p44
| 問屋街 …… p48

Sirkeci（スィルケジ）駅
| 駅舎（オリエント急行終着駅）
| ＊マルマライ鉄道でアジア側に渡る乗換駅

Gülhane（ギュルハネ）駅
| ギュルハネ公園
| トプカプ宮殿 …… p20
| イスタンブール考古学博物館 …… p30

Sultanahmet（スルタンアフメット）駅
| スルタンアフメット・ジャーミィ …… p24
| アヤソフィア・ケビル・ジャーミィ …… p26
| 地下宮殿 …… p31
| トルコ・イスラム美術博物館 …… p33
| ヒッポドロームのオベリスク

Çemberlitaş（チェンベルリタシュ）駅
| グランド・バザール（ヌルオスマニエ門） p40

Beyazıt（ベヤズット）駅
| グランド・バザール（チャルシュ門）…… p40

　いる旧市街の主な見どころだけでも、すべて見てまわるなら丸2日、ショッピングタイムもはさむと3日はかかるでしょう。

　一日のスケジュールの組み方によって、満足度と疲労感が大きく変わってきます。たとえばトプカプ宮殿と考古学博物館は同じギュルハネ公園内にありますが、よほどの歴史マニアでもないかぎり、続けて行くと飽きてしまう可能性も。また、地下宮殿やアヤソフィア、トプカプ宮殿のように入場券の購入窓口が大行列になる施設は、平日午前中の空いているうちに行くのが得策。モスクは夜明けとともに開いているので、観光前に立ち寄ることもできます。そんなことを頭に入れつつ日程を組み、それでも人混みや行列に疲れたら、ちょっと観光から離れてハマムへ行ったり、ボスポラス・クルーズを楽しんだりしてリフレッシュするのも◎。臨機応変にスケジュールを調整しながら、世界遺産の街を楽しんでください。

1.3万㎡を超すグランド・バザール。遠くにスレイマニエ・ジャーミィと金角湾が見える（写真右奥）。2.スルタンアフメット・ジャーミィとアヤソフィア（写真中央）のあるスルタンアフメット広場は、常に国内外からの観光客でいっぱい。Photo: Simsek Aynacioglu

グランド・バザールへ、伝統工芸品を買いに

イスタンブールでショッピングといえば、まずはグランド・バザール。トルコ語ではカパル・チャルシュ（「屋根のある市場」の意）と呼ばれ、4000とも5000ともいわれる小さな商店が入り組んだ通路に軒を連ねています。中東のバザール独特のエキゾチックな雰囲気に惹かれて、たくさんの観光客が訪れます。そのため多少の割高感は否めませんが、モザイクランプやトルコ絨毯などのトルコの伝統工芸品を手に入れたいならば、専門店が集まるグランド・バザールはやはり便利。ぶらぶらと見てまわるだけでもにぎやかで楽しいところですが、とにかく広くて複雑な迷路のよう。しかも大変な人混みなので、道に迷ったりスリにあわないようにご用心を！

1. 合計約3万㎡、66本の通りにみやげもの店がひしめき合う。 2. 外側から見たヌルオスマニエ・カプス。迷ったときの目印に。 3. ベヤズット駅寄りの入口チャルシュ・カプスを入ってすぐの泉水処。

♦

Kapalı Çarşı
グランド・バザール

← Info →

8:30〜19:00（金曜はお祈りのため、時間により一時クローズする店舗あり）、日曜・バイラム休 / トラムヴァイBeyazıt駅から徒歩3分

| Map | p8 B-2 |

グランド・バザール攻略法

　グランド・バザールには、門（Kapı／カプ）と呼ばれる入口がいくつかあり、メインはトラムヴァイのチェンベルリタシュ駅寄りの**ヌルオスマニエ・カプス**か、ベヤズット駅寄りの**チャルシュ・カプス**。入るときに門の写真を撮っておくと、迷ったときに役立ちます。ヌルオスマニエ・カプスにほど近い**イチ・ベデステン（İç Bedesten）**はオールド・バザールといわれ、増築を重ねたグランド・バザール内でもいちばん古い部分。アンティークやオスマン風アクセサリーなどを扱う、趣のある店が多く集まるエリアで、一見の価値があります。

　もしも滞在時間が限られているなら、なるべく大きな通りを通ってまずはお目当ての店に行き、途中、時間をみながら気になった店に立ち寄ってみるぐらいのつもりで。それでもあっという間に数時間が経ってしまいます。途中迷ったら、店先にいる客引きのお兄さんに行きたい店名か通路名をいえば教えてくれるはず。

　とはいえ、ふと角を曲がった先にかわいい店を偶然見つけたりするのもグランド・バザールの醍醐味です。できれば平日の午前中に、時間に余裕を持って訪れ、探検気分で歩きまわってみてください。

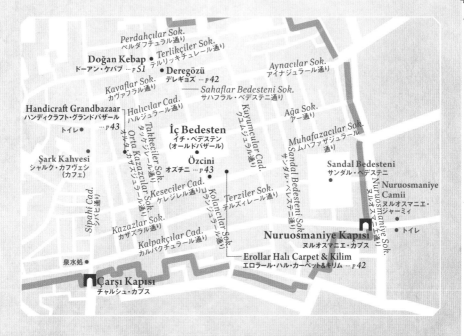

グランド・バザール内のおすすめショップ

Erollar Halı Carpet & Kilim — エロラール・ハル・カーペット&キリム

トルコ絨毯とキリムの老舗

　絨毯商一筋30年、良質なものだけを取りそろえており、色柄、サイズと種類豊富な在庫から、お気に入りの1枚が見つかるまでじっくり時間をかけて選ばせてくれます。時間にゆとりをもって訪れるのがおすすめ。

1. まずはサイズ、それから色や柄の好みを相談すれば、在庫からいろいろと見せてもらえる。
2. 絨毯とキリムの値段は、サイズと品質によりさまざまなので納得して購入を。

— Info —
Kapalı Çarşı Keseciler Cad.
No.:109 / 0212-522-3848

| Map | p41 |

Deregözü ——————————————— デレギョズ

多彩なスザニとイカット

　原産地のウズベキスタンから直接仕入れ、卸売も兼ねているスザニ（p116）とイカット（絣）の専門店。デザインが豊富でデレギョズのオリジナルものもあるので、遠慮せずに見せてもらいましょう。お気に入りに出会えます。イカットはメーター売りしています。

1. スザニ刺繍を全面に施したカフタンは、博物館にあってもよさそうな逸品。2. スザニ製品は、材料によって値段が異なる。絹地に絹糸刺繍が高級品。

— Info —
Kapalı Çarşı Terlikçiler Sok.
No.:50 / 0212-520-9097

| Map | p41 |

店舗の入れ替わりが多いグランド・バザールのなかで、長く商売をしていて私が信頼しているショップをご紹介します。もしほかにほしいものがあったら、これらの店のどこかで聞けば、よい店を紹介してくれるはず。人の紹介が商いの基本というトルコの古い伝統が、グランド・バザールでは今でも健在です。

Özcini ── オズチニ

陶器とレトロなトルコみやげ

小皿からリビングの主役になりそうな大きな絵皿や壺まで、さまざまなトルコ陶磁器がぎっしりと並ぶ店内。牛の骨を細工し細密画を描いたミニアチュール小箱、パイプ愛煙家垂涎のトルコ名産メシャム(海泡石)パイプなど、今では入手困難になりつつある古きよき時代のトルコみやげもそろっています。

1. 店内の棚には陶磁器類がぎっしり! 店主のスレイマンさんに好みをいって見せてもらった。
2. 磁器のお皿なら、食器洗浄機OKなので普段使いにも。

― Info ―
Kapalı Çarşı Kolancılar Sok.
No.:20-24 / 0534-729-4788

| Map | p41 |

Handicraft Grandbazaar ── ハンディクラフト・グランドバザール

トルコランプを手に入れるなら

異国情緒あふれるトルコランプ(p104)は人気のおみやげ。あざやかなガラスのモザイクの美しさや、手吹きガラスのぬくもりある色合いに魅了されたらこちらへ。変換プラグをくれたり、頑丈に梱包してくれる万全のサポートがうれしい。

1. ランプ本体とモザイクのランプシェードは交換可能なものが多いので、好みで入れかえてもらえる。2. 選択に迷ったら、店主のナズムさんに相談を。

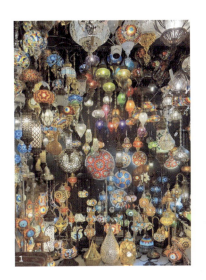

― Info ―
Kapalı Çarşı Orta Kazazcılar Sok.
No.:25/37 / 0535-678-7814

| Map | p41 |

エジプシャン・バザールへ、おみやげを探しに

　新市街からガラタ橋を渡ると目の前に見えるのが、観光客でいっぱいの広場に面して立つエジプシャン・バザール。かつてオスマン朝に莫大な利益をもたらしたエジプトとの交易が名前の由来です。スパイス・マーケットの別名の通り、店頭には香辛料、お茶、ロクム（p128）をはじめ、トルコ定番のおみやげを並べた店が軒を連ねます。呼び込みのお兄さんたちが巧みな日本語で盛んに話しかけてきますが、お相手はほどほどに。夕方と週末はとくに込み合うので、平日の午前中に行くと比較的すいていておすすめです。

1. ほとんどの店の店頭に香辛料やお茶が並んでいて、バザール内にはスパイスの香りが漂う。2. アラビアンナイトの世界のようなティーセット。衝動的にハーブティーと一緒に買ってしまいそう。3. エジプシャン・バザール、トルコ語ではムスル・チャルシュス（ムスルは「エジプト」の意）。現地ではどちらでも通じる。

Mısır Çarşısı
エジプシャン・バザール

― Info ―
8:00～19:30、バイラム休 ／ トラムヴァイEminönü駅から徒歩3分

| Map | p8 A-2 |

エジプシャン・バザール内のおすすめショップ

Cennet ジェンネット

トルコみやげの小さなデパート

通称「まっちゃんの店」。在住日本人御用達で、スタッフも日本語のできる人が多く、安心して買いものできます。トルコ陶器、スカーフ、オヤ (p112)、キリムに絨毯、キャビアにカラスミなど、主なトルコみやげをひとつの店で買えるのも便利。イスタンブールでおみやげもの店を紹介してと聞かれたら、私は迷わずこの店をおすすめします。

4

5

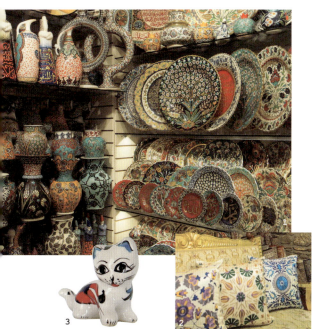

4. 日本の家に合う小さなサイズの絨毯やキリムがあるのがうれしい。
5. やわらかい色合いのスカーフ類が多く、日本のファッションとも好相性。

1. 陶器類は、小さなおみやげから作家ものまで、サイズと品質のバラエティが豊富。 2. 隠れ家のような2階は、キリムやスザニのクッションが並ぶ。 3. 手描きなので背中の柄と表情が一匹ずつ違うにゃ。

— Info —
Mısır Çarşısı İçi No.:48 Eminönü（正面入口から直進、十字路を左に曲がり10m先右手）/ 0212-528-0213

かわいいトルコ雑貨あれこれ

小皿

アクセサリー入れなどに。トルコの国花であるチューリップが描かれたものが人気。

スザニのミニバッグ

派手めな色柄でも、ミニサイズのアイテムだとファッションのアクセントに取り入れやすい。

チャイグラス

ミニポーチ

オスマン風デザインのものなら異国情緒たっぷり。

スマホサイズのポーチは、ちょっと小物を入れたりなどなにかと便利。

トレイ

バッグ

トルコタイル柄のトレイ、柄はいろいろ。チャイをのせたら素敵!

トルコのシンボル、チューリップ柄のバッグ。滞在中のサブバッグにも。

グランド・バザール（p40）やエジプシャン・バザール（p44）はもちろん、たいていのみやげもの店でおかれているものをセレクト。おみやげ探しのつもりが、見ているうちに自分用にもほしくなるので多めに買っておくのがおすすめです。手づくりの一点ものは一期一会、買い逃しのないように！

オヤのスカーフ

オヤ（p112）で縁取りしたスカーフ。滞在中はモスク観光の際にも使えるので自分用にも。

オヤのアクセサリー

立体的に花を編んでつくるオヤのアクセサリー。ネックレスや眼鏡ホルダー、指輪などたくさんほしくなる！

スカーフ

トルコならではの柄や色使いのスカーフはおしゃれのアクセントに。オヤのネックレスと組み合わせても◎。

ブレスレット

邪視から守ってくれるナザール・ボンジュウがたくさん。

キーホルダー

チューリップとナザール・ボンジュウを組み合わせた、ザ・トルコな一品。

ペシテマル

薄手で乾きやすい綿布タオル。ジム通いする人や温泉好きのあの人に。

文房具

文房具店はちょっとしたおみやげの宝庫。ナザール・ボンジュウのシールやイスタンブール柄のメモ帳など。

問屋街
——手芸好きの天国！

　エジプシャン・バザールの近隣には、問屋街が広がっています。アクセサリー、手芸用品、スカーフ、日用雑貨、台所用品、寝具、カーテン、普段着から伝統衣装まで、ありとあらゆる商品の卸売店が集まり、トルコ国内はもちろんアフリカや中央アジアなどからの買付人でいつもにぎわっています。観光名所や繁華街とは違う種類の勢いと活気が感じられ、商業の街としてのイスタンブールの真髄を垣間見ることができます。

　エリアや通りごとに商うものがわかれていて、エジプシャン・バザールのすぐ裏手にはアクセサリーや手芸材料の店が軒を連ねています。ビーズ、レース、ボタンに毛糸など、手芸好きなら狂喜乱舞の品ぞろえ。国は変わっても手芸店のあのなごやかな雰囲気は変わりません。居合わせた人に「ねぇ、どっちがいいと思う?」なんて突然トルコ語で話しかけられて、身振り手振りで一緒に選ぶ、なんて楽しいことになるかもしれません。

　トルコ産の手芸用品は欧米に輸出されていて、実はヨーロッパテイストの色合いの手芸材料を安価で買える穴場なのです。手芸好きなら至福のときを過ごせるはず。それどころか「明日も行く!」といいだして、同行者をあきれさせないようご注意を。

1. 街中の小売店よりも断然安いので、地元のトルコ女子にも問屋街は人気。2. ブレスレットなどの小物類は、10個以上買うと安くしてくれる。3. トルコ特有のシャルワール（もんぺ）用の彩りあざやかな生地。スカートでもつくってみる?

手芸好きならパーツを買って、自分でおみやげをつくるのも◎。

― Info ―

| Map | p8 A-2 |

Hafız Mustafa ─────── ハフズ・ムスタファ

右奥から時計まわりにザクロ入りオスマン宮廷風カダイフ（Narlı Osmanlı Saray Kadaif）、クルミのバクラヴァ、フストゥクル・ハレム（Fıstıklı Harem／ピスタチオのケーキ）、定番ピスタチオのバクラヴァ。

老舗のトルコ菓子店でティータイム

　1864年に創業した老舗菓子店で、バクラヴァやロクムなどの伝統トルコ菓子がおいしい。グランド・バザールにほど近いこちらの店舗以外にも、スィルケジやタクスィム広場などイスタンブール市内中心部に12の支店があります。しかも24時間営業なので、観光途中に立ち寄りやすいのも◎。おみやげを買うのはもちろん、併設のカフェで地元の人たちに混じって、本場のバクラヴァに濃いクリームのカイマック（Kaymak）のトッピングをオーダーし、チャイと一緒にトルコらしいティータイムを楽しんでください。

1. 全店舗、この看板が目印。**2.** ピスタチオのバクラヴァ1切れ46TL。カイマックを添えて。

— Info —
Mollafenari Mah. Nuruosmaniye Cad. No.:44 Fatih ／ 0212-514-4880 ／ www.hafizmustafa.com ／ 24 時間営業、無休 ／ トラムヴァイ Çemberlitaş駅から徒歩5分

| Map | p8 B-2 |

※スィルケジ(Map p8 A-2)、ガラタポート (Map p10 C-2)、タクスィム広場(Map p10 A-2)などに多数支店あり

スィルケジのうまいもの名店街
ターリヒ・ホジャパシャ・ロカンタラールへ

スィルケジの駅近くの飲食街アーケード「ターリヒ・ホジャパシャ・ロカンタラール (Tarihi Hocapaşa Lokantalar)」は、ケバブやピデ（トルコ風ピザ）など一品だけでこの道ひとすじ数十年という店が並ぶ名店街。ガヤガヤとせわしない雰囲気ですが、手軽においしいものを食べたいときに便利です。

Şehzade Cağ Kebap ── シェフザーデ・ジャー・ケバブ

遊牧民気分でかぶりつく

　ケバブをそぎ切りにしてから串に刺し、それをさらに炙って香ばしさを強めたジュウジュウの肉が、ユフカ（薄皮パン）の毛布をかぶって串ごと供されます。メニューはこのジャー・ケバブだけ。その潔さがおいしさの証です。

— Info —
Hocapaşa Mah. Hocapaşa Sok. No.:6 Fatih ／ 0212-520-3361 ／ 10:30～21:00、無休 ／ アルコール × ／ も ／ トラムヴァイSirkeci駅から徒歩5分

| Map | p9 B-3 |

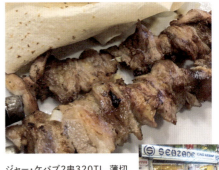

ジャー・ケバブ2串320TL。薄切り肉なので量は少なめ。

Hocapaşa Pidesi ── ホジャパシャ・ピデスィ

カロリーはおそろしくて想像したくないけれど、私がイスタンブールいちおいしいと思うピデ280TL。

おいしいものは罪深い

　この店に来たら、名物のギュナフキャール・ピデ (Günahkar Pide)、その名も「罪深きピデ」を召し上がれ。薄い生地にチーズ、ひき肉、牛肉のパストラミ（ベーコン）やスジュック（ソーセージ）、卵をのせた「全部盛り」は禁断のおいしさです。

— Info —
Hocapaşa Mah. Hocapaşa Sok. No.:11 Fatih ／ 0212-512-0990 ／ 11:00～21:00、無休 ／ アルコール × ／ も ／ トラムヴァイSirkeci駅から徒歩5分

| Map | p9 B-3 |

Doğan Kebap —————————————— ドーアン・ケバブ

いろいろなケバブを楽しめるミックス・ケバブ500TLはなかなかの食べごたえ。ふたり連れならこれを試してから、気に入ったものを追加オーダーすればアツアツが楽しめる。

1.グランド・バザールのなかに、炭火の炉があるなんてびっくり！ 2.チーズ入りのキュネフェはケバブ屋定番メニュー。日本人好みの甘さがうれしい！

グランド・バザールの穴場ケバブ屋

　開業以来約40年間、グランド・バザールの「なかの人たち」が昼食を食べに来るところ、ときたらおいしくないわけがない！ 店内の炉端からアツアツの焼き立てケバブがすぐ出てくるのも、リーズナブルな地元価格なのも◎。グランド・バザールで買いもの途中にサッと腹ごしらえするのにうってつけです。ピスタチオ入りのウルファ・ケバブ (Urfa Kebap) が私のおすすめ。毎日つくるという自家製デザートのキュネフェもお菓子専門店に負けないおいしさなので、こちらもお試しを。

— Info —
Kapalı Çarşı Terlikçiler Sok. No.:41 / 0212-527-5374 / 11:00〜19:00、日曜・バイラム休 / アルコール × / も / トラムヴァイBeyazıt駅から徒歩3分

| Map | p41 |

Matobah ──────────────── マトバ

オスマン宮廷料理の優雅を楽しむ

　世界三大宮廷料理として有名なオスマン宮廷料理。スルタンやその寵姫たちが味わった美味の数々を楽しめるレストランです。オットマン・ホテル・インペリアル（p97）のダイニングなので店内が広く、気兼ねなくゆったり過ごせます。オスマン宮廷料理特有のフルーツのやさしい甘みに香辛料のアクセントをきかせた上品な味付けは、トマトソースがまだなかった時代の料理ならでは。現代トルコ料理とはひと味違うおいしさを堪能できます。

　アヤソフィアのすぐ横という好立地なので、街歩きのルートに組み込みやすいのも高ポイント。

1.クズ・インジェキ（Kuzu İncek）1450TLは、フルーツとスパイスでじっくり煮込んだとろとろの羊肉。2.パトルジャン・サラタス（Patlıcan Salatası）はヨーグルトとナスのピューレ。3.香辛料で味付けしたピラフをブドウの葉でくるんだヤプラック・サルマス（Yaprak Sarması）は、葉ごと食べる。

── Info ──

Caferiye Sok. No.:6/1 Sultanahmet / 0212-514-6151 / www.matbahrestaurant.com / 11:30～22:30、無休 ／ アルコール ○ ／ ももも ／ トラムヴァイ Sultanahmet駅から徒歩5分

| Map | p9 B-3 |

ホテルの玄関を入ったら、レセプションの奥がレストラン入口。

Pandeli ——————————————————— パンデリ

ターコイズブルーのタイルと、アンティークなシャンデリアが上品なインテリア。

アタテュルクが愛した青のレストラン

　創業100年、アタテュルクや国内外の有名人をもてなしてきた名店。エジプシャン・バザールの上階にありますが、階下のバザールの喧騒とは別世界のような、金角湾を見晴らすトルコ・ブルーのタイル壁が美しい瀟洒なレストランです。奇をてらわない昔ながらのトルコ料理が、上品な盛り付けで供されます。どの料理もおいしいうえに、値段も観光地中心部としては良心的。旧市街の観光中に雰囲気のいいレストランでトルコ伝統料理を食べたくなったら、ぜひこちらへ。

シナモンの香りと干しブドウの甘みが独特なハムシ(鯷)を使ったピラフ400TLは、黒海沿岸カラデニズ地方の代表的魚料理。

1. エジプシャン・バザールの正面入口を入ってすぐ左横に、店の看板と入口がある。2. レバーの薄切りを揚げたものを、秘伝のソースであえた一品。

— *Info* —

Mısır Çarşısı No.:1 Fatih / 0212-527-3909 / www.pandeli.com.tr / 11:30〜19:00、バイラム休 / アルコール × / もも / トラムヴァイ Eminönü駅から徒歩3分

| Map | p8 A-2 |

7 Mila ─────────────── イエディ・ミラ

忘れられない美食体験を

　イエディ・ミラは、イノヴァ・スルタンアフメット・ホテルの屋上にあるレストラン。トルコ南東部マルディン出身の女性オーナーシェフが、地元の新鮮でめずらしい食材を取り寄せ、メソポタミア地域（トルコ南東部からイラクやクウェート周辺）の伝統料理を現代風にアレンジした料理を提供しています。小麦発祥の地であり古代文明時代からの豊かな食文化の伝統を賞味するには、羊肉の料理や小麦粉を使った料理がとくにおすすめ。美しく繊細でユニークな盛り付けは目にもごちそうです。

　フルコースでディナーを満喫するなら、ワイン好き垂涎のメソポタミア地域産のアッシリアワインもぜひ一緒に。事前予約が必須で、眺めのよい窓際のテーブルを希望するなら早めの予約がおすすめです。

1．マルディン・ケバブ850TL。香ばしい炭火焼ナスをベシャメルソースであえたクリーミーで濃厚なソースと一緒に。
2．焦がしバターとトリュフで風味づけした手づくりホイップバターと、石窯で焼いた自家製酵母のパン。

3.カリッとしたブルグル(挽き割り小麦)生地でひき肉を包んだ「キッペ」は、中東の伝統料理。スモーキーなヨーグルトを添えて。4.外はサクサク、なかはジューシーなひき肉の具がつまったシェム・ボレキ。ハタイ産のヨーグルトソースで。5.日本の味噌とザクロエキスを使ったひき肉入りのピラフを詰めた玉ねぎのドルマ。

— *Info* —
Pierre Loti Cad. No.:6 D:8
Fatih / 0212-638-2828
/ www.7milarestaurants.com
/ 15:00〜24:00、月曜休 / アルコール ◯ / ももももも / トラムヴァイÇemberlitaş駅から徒歩3分

| *Map* | *p*8 C-2 |

6.窓から望むマルマラ海。遠くにプリンスィズ諸島が見える。
7.シックな内装の店内。このレベルの高級店だと、サービス料としてチップは10%程度のきりのいい金額をおくとベスト。

イスタンブールを海から楽しむ
ボスポラス・クルーズ

　イスタンブールに来たら、やっぱり一度はボスポラス海峡クルーズへ。個人旅行ならお手軽なのは大型定期観光船。とくにエミノニュの桟橋から出航するトゥルヨルの観光船は事前予約の必要がなく、乗る前にその場でチケットを買って乗船できます。所要時間はボスポラス第二大橋手前までクルーズし、Uターンして戻ってきて1時間半ほど。旧市街観光や買いものに疲れたら、休憩がわりに利用するのもおすすめです。チャイ・ボーイが船内で売り歩くチャイを片手に、ボスポラス海峡沿いに点在する

ツアーと題されているけれど、含まれるのは乗船料金のみ。乗船中の飲食はその場で現金で支払う。Photo: Naho Baba

Dolmabahçe Sarayı

19世紀に建てられた、バロック様式とオスマン様式折衷建築が美しいドルマバフチェ宮殿(p34)。Photo: Naho Baba

Eminönü

エミノニュの船着場があるのは金角湾。振り返ると旧市街全体を見渡せる。そこから船はボスポラス海峡へと進んでいく。Photo: Naho Baba

Kız Kulesi

ビザンティン帝国の要塞があったクズ塔は今では観光名所。クズ塔を過ぎたらもうすぐエミノニュの波止場。下船してツアー終了！

観光名所の海からの眺めをのんびり楽しんでください。

時間のない場合は、ヨーロッパ・サイドとアジア・サイドの船着場をつなぐ連絡船のヴァプール (p167) だけでもぜひ乗船を。海の街イスタンブールを体感できます。

◆
Turyol
トゥルヨル

— Info —

www.turyol.com／乗船料金150TL

| Map | p8 A-2 |

Ortaköy Camii

ボスポラス第一大橋、ヨーロッパ側の橋のたもとには、フォトジェニックで有名なオルタキョイ・ジャーミィ (p36) が見える。

コンスタンティノープル陥落のために建造された要塞ルメリ・ヒサル (p31) が左手に見えてきたら、そろそろ折り返し地点。Photo: Naho Baba

Rumeli Hisarı

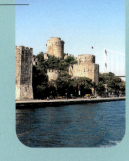

第二大橋手前で引き返し、しばらくすると左手に見えてくるのがアジア側のウスキュダルの船着場。住宅街なので通勤通学の利用者が多い。

Anadolu Hisarı

Üsküdar

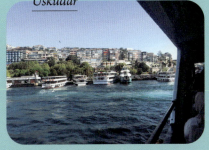

ルメリ・ヒサルの対岸に見えるのは、対をなすアナドル・ヒサル。このあたりが海峡がいちばんせまくなるところ。

Galata ~ Karaköy

ガラタはアートの街。古い建物を自由な発想でショップやカフェに改装した街並みが楽しい。

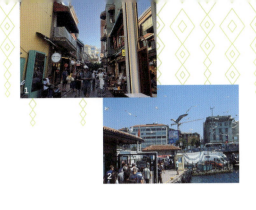

新市街で人気のおしゃれエリア

ガラタ～カラキョイ
（新市街）

| Map | p10 B-1,C-1~2 |

　オスマン帝国時代に外国人居住区だったガラタは、昔から「ハイカラ」なエリアとして知られていて、今でもさまざまなアーティストたちの小さなアトリエやショップがたくさんあります。エリアのシンボルであるガラタ塔へと向かうガリプ・デデ通りはかつて楽器屋街として有名でしたが、今ではすっかりみやげもの店が並ぶショッピングストリートに。旧市街よりセレクトがおしゃれで値札がついている店が多いので、買いものしやすいのも◎。周辺の横道や裏道にはおしゃれなセレクトショップが点在しているので、宝探し気分で散策を楽しみましょう。

　旧市街に続くガラタ橋まで坂を下れば、そこはカラキョイ。ボスポラス海峡を渡るヴァプール（連絡船）の波止場街として発展し、大型クルーズ船が停泊する港でもあります。このあたりは船舶関連の町工場街でしたが昔の寂れた雰囲気が一掃され、海峡沿いに新たにつくられたガラタポート（p60）を中心に、外国からの旅行客でにぎわうショッピングエリアに生まれ変わりました。買いものに疲れたら、ガラタポートとガラタ橋の間におしゃれなカフェが並んでいるので、気になった店に入って休憩を。

　一方、ガラタ橋をはさんで反対側の金角湾沿いは今でも昔ながらの波止場の雰囲気。漁港でもあるカラキョイには魚市場がありシーフードが有名で、庶民に人気のサバサンドの屋台や、昔ながらのシーフードレストランが軒を連ねています。今のイスタンブールの象徴のような、過去と未来が混在するダイナミックなエリアをぜひ訪れてみてください。

1.カラキョイはおしゃれなカフェやバー、キッチュなホテルが並び、夜遅くまでにぎやか。2.昔ながらのカラキョイの波止場。汐の香りとカモメの鳴き声が旅情をかきたてる。3.ガラタ塔が再建され現在の姿になったのは14世紀。高さ67mの塔の上まで入場できる。

最新スポット、ガラタポートへ

大型客船埠頭と船舶関連の工場街だったカラキョイが大規模再開発され、2021年に5万㎡という広大な敷地に巨大ショッピングモールや最高級ホテルが開業。モダンアートのイスタンブール現代美術館、中央広場の19世紀の時計塔やリノベーションされた郵便局なども敷地内にあり、さながら小さな街のよう。

停泊する客船の乗客はもちろん、海と陸両方からの交通アクセスがよいので一般の旅行者や地元の人たちにも大人気。230ものトルコ国内外の有名ブランド店や有名レストラン、カフェのチェーン店、素敵な高級レストランはいつ行ってもにぎわっています。スーパーのマクロセンター（Macrocenter）もあって、手に入らないものがないといっていいほど。

旅の最初にイスタンブールの物価をチェックしがてら訪れるのもよし、旅行最終日に立ち寄って買いそびれたもの、食べかったものなど心残りをすべてここで回収するもよし！ 滞在中、ぜひ一度は訪ねてみてください。

1.中央の茶色の4階建てのビルがモール棟。後ろの大型客船のほうが大きくてびっくり。2.アートな外観のイスタンブール現代美術館では、トルコを代表するモダンアートの数々を鑑賞できる。3.店舗の入った建物をつなぐ広い屋外通路には緑やカフェのテラスなどがあり、まるで小さな街のよう。4.1.2㎞にもおよぶ埠頭には、まるでビルのように巨大な大型客船が停泊している。

Galataport
ガラタポート

— Info —
Kılıçali Paşa Mah. Meclis-i Mebusan Cad. No.:8 Beyoğlu / www.galataport.com / 0212-444-5266 / 10:00～23:00、無休 / トラムヴァイTophane駅から徒歩4分、またはKaraköy駅から徒歩17分

Map　p10 C-2

トルコブランド案内

トルコには高級ブランドからファストファッション、コスメまで、いろいろなブランドがあります。そのなかからいくつかご紹介。
ガラタポート（p60）をはじめとするショッピングモールや、イスティクラール通りなどの繁華街に店を構えています。

◎メトロOsmanbey駅直結のゾルル・センター（Map p6 A-1）や、メトロLevent駅直結のカンヨン、メトロシティ、オズディレッキ・パーク（Map p6 A-1）のショッピングモールがブランド・ショッピングにおすすめ。

Vakko
ヴァッコ

トルコのセレブ御用達ブランド。スカーフやネクタイなどの装飾品をはじめ、衣料品や日用雑貨、高級ホテルのようなインテリア雑貨などがそろいます。カフェ併設のところもあるので、「ちょっとセレブ気分」を味わいに行ってみるのも◎。

Mavi
マーヴィ

トルコを代表するカジュアル衣料ブランドのひとつ。常設で、İstanbulのロゴ入りのTシャツを売っているコーナーがあり、デザインも縫製もよいのでおみやげに人気です。

Atelier Rebul
アトリエ・レブル

コロンヤ（トルコの消毒用アルコール）の老舗メーカー。石鹸やハンドクリーム、スキンケア用品まで、オーガニックな香料を使用したナチュラル志向のアイテムも幅広く扱っています。

Flormar
フロルマール

トルコ国内はもちろん、中近東各国で人気のトルコ発祥のプチプラ・コスメブランド。中近東メイクはアイラインがキモなので、とくにアイライナーが充実。マスカラも種類が豊富でおすすめです。

Bendis Galata

ベンディス・ガラタ

1

センスが光るおしゃれなオヤ

　カラキョイからガラタ塔へと続く急な坂道とその周辺は、小さなショップやブティックが集まるおしゃれなエリア。とくにガラタ塔の裏手通りには思わず入ってみたくなるかわいい店がいくつも集まっています。そのうちのひとつであるベンディス・ガラタは、ガラス張りのディスプレイからオーナーのセンスのよさが感じられるセレクトショップ。店内は広くはありませんが、個性的な色合いとデザインの服、手づくりの帽子、さまざまなアクセサリーなどがぎっしりと並びます。とくにオヤのアクセサリー類は、外国人観光客を意識したシックな色合いにアレンジされたものが多くておすすめです。

2

1.素敵な色合いのオヤのネックレス350TL〜がそろう。欧米からお客も多い。2.伝統のモチーフ、ナザール・ボンジュウのショールも、こんなにモダンなデザイン。3.ヨーロッパ・テイストのデザインや色合いの服は、リゾートにあいそう。4.店はガラタ塔のすぐ裏手にある。

— *Info* —
Bereketzade Mah. Camekan Sok. No.:2/C Kuledibi Beyoğlu / 0212-243-1278 / Instagram @bendisgalata / 10:00〜21:00、無休 / メトロŞişhane駅から徒歩10分

Map | p10 C-1

Yakto İpek ——————————————— ヤクト・イペッキ

店内中央の広いテーブルに気になるものをあれこれ広げて、じっくりと品物を選ばせてくれるので遠慮なく声をかけて。

シルク&コットン手織物の専門店

　ガラス越しに店の外から見える大きな機織り機が看板がわりのこちらの店は、自然素材の織物専門店。木の棚に整然と商品を並べただけのすがすがしいほどシンプルなディスプレイが、5代続いた老舗専門店としての誇りと本気度を物語っています。トルコ南東部ハタイ県に工場兼アトリエを持ち、製造から販売まですべて親族で行っているといいます。棚にぎっしりと積まれた絹や羊毛のショールは、色柄やサイズも豊富で、気になるものは広げて見せてくれます。じっくりと時間をかけて選び、旅の思い出と一緒に長く大切に使いたくなる名品を手に入れてください。

1.生地の張りとスムーズな手触り、美しい発色が見事なシルク・ショール785TL〜。2.トルコの綿布タオル（ペシテマル）は、厚くてタオルケットがわりになりそう。

— Info —
Müeyyedzade Mah. Yüksek Kaldırım Cad. No.:31/A Karaköy / 0212-243-4142 / Instagram @yaktoipek / 11:00(日曜15:00)〜22:00、無休 / トラムヴァイKaraköy駅から徒歩10分

| Map | p10 C-1 |

入口の織り機はお願いすると実際に動かしてみせてくれる。普段は飼い猫たちのお昼寝ベッド。

スーパーマーケットでおみやげ探し

地元の人たちの暮らしに触れたいなら
スーパーマーケットへ。
旅行に行ったら必ずスーパーに行く人も多いのでは？
おみやげになりそうなものを集めてみました。

オリーブオイル
Zeytinyağı

オリーブの実とオリーブオイルはトルコの特産品。トルコの家庭では大量に消費するので、売っている容器の大きさに驚くかも。

インスタント調味料
Yemek Harçları

肉や野菜などの材料とあわせれば、簡単に味が再現できるトルコ料理の素。キョフテ（ミニハンバーグ）の素や手軽なスープの素が人気。スパイスもちょい足しすればさらに本格的な味に。

サルチャ
Salça

濃厚なトマトペースト。これがないとトルコ料理にならないほど重要な調味料。残ったら小分けにして冷凍できる。

乾燥トマト
Kuru Domates

おいしいトマトをドライにしたら、やっぱりおいしい！イタリア料理をつくるときにも重宝する。

スパイス
Baharat

赤紫蘇のような風味で中東料理に欠かせないスマック（中央）など、トルコ料理に欠かせないスパイスはいかが？ 密封され賞味期限が明記されたものがおみやげに安心。

蜂蜜
Bal

サイズや種類もいろいろ、高原の花の蜂蜜（Yayla Çiçek Balı）はさっぱり系、日本ではめずらしい松の木の蜂蜜（Çam Balı）はその濃さと滋味にびっくりするかも。

ザクロ酢
Nar Ekşisi

トルコ名産の甘酸っぱいザクロ酢は、どの家庭にもある伝統的調味料。トルコではオリーブオイルと塩、コショウと一緒にサラダにかけて食べる。

ハーブティー
Bitki Çayı

トルコでは健康のためハーブティーがよく飲まれるので、驚くほどたくさん売っている。おすすめは冷えて体調がすぐれないときに重宝するクシュ・チャユ(冬のお茶)(右)や眠りを誘うメリッサのブレンド・ティー(左)など。ホテルの部屋においてあるティーバッグを試してから買うのもおすすめ。

トルコ・コーヒー
Türk Kahvesi

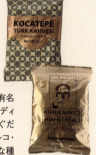

コーヒー沸かしで淹れる有名店メフメット・エフェンディのパックや、お湯を注ぐだけのインスタントのトルコ・コーヒーなど、いろいろな種類がある。

袋入りナッツ類
Kuruyemiş

人気のカシューナッツや手軽なピーナッツ、ヘーゼルナッツやピスタチオなど、トルコ特産のナッツのスナックは旅行中のおやつにも。

チョコレート
Çikolata

ピスタチオ入りが定番中の定番。ゴディバのチョコレートも袋菓子コーナーにある。

トルコのスーパーについて

トルコのスーパーマーケットの代名詞になっているのがミグロス(Migros)。オレンジ色のMの字が目印で、店の規模によってそのMの数が変わります。住宅街や大きなショッピングモール内など市内のいたるところにあり、大規模店では衣料品や生活雑貨も扱っています。

また、旧市街やイスティクラール通りなどの繁華街には、コンビニサイズのミグロス・ジェット(Migros Jet)があります。同じ経営でミグロスより少し品質も値段も高いものを扱っているのが、マクロセンター(Macrocenter)。ガラタポートに支店があります。レジ袋は有料なので、エコバッグを忘れずに。

www.migros.com.tr
www.macrocenter.com.tr

◎有名ガラス製品専門店パシャ・バフチェ(p76)のチャイグラスなども、スーパーで手に入る

Pera Family ─────────────── ペラ・ファミリー

ふかふかのトルコ綿布タオルを

　昔からトルコの浴場で使われてきた大判綿布タオルのペシテマル（Peştemal）は、吸水性にすぐれ乾きやすいのが特長です。ハマムで使ってみて気に入り、自宅用に買って帰る旅行客もいるほど。ナチュラルな色柄が多く、トルコ綿100％で縫製がしっかりしたこの店の製品は私自身も長く愛用していて、へたらずいつまでも気持ちよく使えます。店頭には天然素材のソープもずらりと並んでいて、店内はよい香りに包まれています。ペシテマルも石鹸類も、エーゲ海地方デニズリにある家族経営の自社工場で生産されています。肌に直接触れるものはとくに品質にこだわりたいという人はぜひ訪ねてみてください。

— Info —
Şahkulu Mah. Galip Dede Cad. No.:41 Beyoğlu / 0212-243-9222 / Instagram @Pera_Family / 10:00〜21:00、無休 / メトロŞişhane駅から徒歩10分

| Map | p10 B-1 |

1. ペシテマル150TL〜。たたむと同じサイズのタオルより小さくなるので、サウナやプールに行くときに便利！ **2.** 夏のお風呂あがりやビーチで重宝しそうな、ペシテマルのTシャツ。**3.** トルコ名産のオリーブオイルをベースに、レモンやラベンダーなどで香りづけした石鹸類。**4.** 軽石と石鹸、石鹸とタオルなどがかわいくラッピングされたものも。おみやげによろこばれそう。

Karaköy Güllüoğlu - Nadir Güllü

カラキョイ・ギュルルオウル – ナーディル・ギュル

ぜひ立ち寄りたいバクラヴァの名店

2022年にナーディル・ギュルの名前で東京にも出店した老舗。創業は1843年で、昔から地元の人たちに愛され続けてきました。バクラヴァはやっぱりできたてのサクサクじゃなくちゃ！ という地元客はもちろん、世界各国のイスタンブールのガイドブックに掲載されているとあって観光客も多く、いつ行っても大にぎわい。空港にも販売店がありますが、こちらの本店のほうが種類が充実しているので、カラキョイ散策の際にぜひ立ち寄って。おみやげを買った後は、店内飲食用カウンターへ。バクラヴァにアイスクリームやカイマック（濃厚クリーム）をトッピングしてオーダーし、チャイと一緒に召し上がれ。

1. 大人気のピスタチオのバクラヴァ180TL。ほかにクルミのバクラヴァ150TLも人気なので、両方ぜひ試してみて！ 2. ショーケース内に多種多様なバクラヴァと伝統菓子が並ぶ。ピスタチオの緑がきれい。 3. 会計が済んだらトレイを持ってイートイン用のテラスへ。空いている席へどうぞ。

Kemankeş Karamustafa Paşa Mah. Kemankeş Cad. No.:67 Beyoğlu ／ 0212-225-5282 ／ www.karakoygulluoglu.com ／ 8:00～19:00、日曜休 ／ トラムヴァイ Tophane駅から徒歩4分

| Map | p10 C-2 |

Karabatak ──────────────── カラバタク

「映え」スポットなカフェ正面入口。雑誌などでも、カラキョイのカフェのイメージとしてよく写真が掲載される。

ノスタルジックなインテリア

　カラキョイでもっとも古いコーヒー・ショップのひとつ。大規模再開発される以前、このあたりは船舶関係の工場や倉庫が並ぶ下町エリアで、そこにあった古い倉庫を改築したカフェです。当時の雰囲気と内装をいかしたインテリアがなんともノスタルジックで、センスが光ります。店内はそれほど広くなく、カウンターで好みのコーヒーを選んで支払いを済ませたら、ドリンク片手に散歩を続けてもよし、リラックスして過ごす地元のおしゃれな人たちにまじって店前のテーブル席でひと休みするもよし。ゆっくり過ごしたいなら、店の建物脇に並ぶテーブル席がおすすめです。

モロッコ風のタイルの組み合わせがエキゾチックな店内。

店の建物脇にもテーブル席が。春から秋まで晴天が続く街ならでは。

— Info —
Kemankeş Karamustafa Paşa Mah. Kara Ali Kaptan Sok. No.:7 Beyoğlu / 0212-243-6995 / karabatak.com / 8:30〜23:00、無休 / トラムヴァイTophane駅から徒歩3分

| Map | p10 C-1 |

Nostalji Cafe Karaköy

ノスタルジー・カフェ・カラキョイ

本格的なトルコ・コーヒーを

熱源に熱した砂を使う、今ではめずらしい伝統的な方法で淹れたトルコ・コーヒーを楽しめる小さなカフェ。チャイダンルック（2段式のポット）で供されるチャイやナルギレ（シーシャ）もあり、オスマン帝国時代のカフェにタイムスリップしたような気分になれるスポットです。

1. テーブル上のチャイダンルックは、上のポットの濃いお茶を下のポットのお湯で割るしくみ。 2. 熱砂だと、直火で煮立てるよりもまろやかなコーヒーに仕上がる。

— Info —
Kemankeş Karamustafapaşa Mah. Alipaşa Medresesi Sok. No.:1/A Beyoğlu ／ 0542-475-4956 ／ 8:30〜翌2:00、無休 ／ トラムヴァイTophane駅から徒歩2分

| Map | p10 C-2 |

Coffee Sapiens

コーヒー・サピエンス

人類にはコーヒーが必要だ

カラキョイでいちばんおいしいコーヒーが飲めると評判の店。そのこだわりは、豆と焙煎方法。ペルーやグアテマラなど世界の有名栽培地から生豆を購入し、店内で自家焙煎しています。カフェで提供するハウス・コーヒーは独自のブレンドが自慢で、こだわりの一杯を提供しています。豆の販売もしているのでおみやげにもどうぞ。

— Info —
Kemankeş Karamustafa Paşa Mah. Kılıç Ali Paşa Mescidi Sok. 10/C Beyoğlu ／ 0541-721-4008 ／ www.coffee sapiens.com ／ 8:00〜22:00、無休 ／ トラムヴァイTophane駅から徒歩2分

| Map | p10 C-2 |

1. トレードカラーの黒を基調とした店内は、奥と2階が喫茶スペース。 2. トルコでは店内は全面禁煙。コーヒーといっしょに一服したければ外席へどうぞ。

Liman ──────── リマン

モールで味わう洗練されたトルコ料理

　ガラタポートのレストランエリアにあるリマンは、モールのなかとは思えない静かで落ち着いた雰囲気の高級レストランです。どれも軽めに仕上げられた伝統トルコ料理は、脂っこいのはちょっと苦手……という人でもおいしく食べられるはず。ぜいたくなインテリアの店内は広々としていて席数が多いため、予約なしでもOK。通し営業で昼から夜まで同じメニューがオーダーできます。観光やショッピングで慌ただしくスケジュールが読みづらいときでも、せっかくならいい店でおいしいものを食べたい！という旅行者のわがままにこたえてくれる頼もしいレストランです。

1.複数人で行くなら、前菜の盛り合わせをシェアするといろいろな味が楽しめてお得。2.羊肉の炙り削ぎ「ジャー・ケバブ」も、リマンならこんなに上品な一品に。3.ホウレン草のクリームソースあえのパイは、熱々を提供してくれる。4.広々とした店内。大きな窓越しに停泊する大型客船が見えることも。

— Info —

Kılıçali Paşa Mah. Meclis-i Mebusan Cad. O2 Blok No.:8 D:102 Galataport Beyoğlu ／ 0212-877-0948 ／ www.limanistanbul.com ／ 10:00〜24:00、モールの休日に準ず ／ アルコール ○ ／ ももも ／ トラムヴァイTophane駅から徒歩6分

| Map | p10 C-2 |

Sait ———————————————————————————— サイート

ぜいたくなフィッシュレストラン

　トルコ南西部のボドルム発、エーゲ海の新鮮な魚をいただけるフィッシュレストラン。トルコではフィッシュレストランは高級店で、おしゃれをして記念日などにごちそうを食べに行くイメージ。ショーケースのシーフード系が充実したメゼ類から好みのものを選び、メインは鯛や平目などカウンターに並ぶ新鮮な魚介類（時価）を、調理法を指定してオーダーするのが定石。

　軽い食事を楽しみたいときはワインやビールとともに冷たいメゼを数種類と、日本人好みのカリデスギュヴェチ（エビのキャセロール）などの温菜を数品、という感じでオーダーすると、おいしい魚介類を比較的リーズナブルに楽しめます。

1.タコのマリネなど定番のシーフードの前菜はもちろん、ズッキーニの花のドルマ、アーティチョークの冷製なども絶品！ 2.ガラタモール内にあり、通し営業で昼夜同じメニューを楽しめる。

3.エビと白身魚がぎゅっと詰まったシーフード・ケーキの温菜。 4.エビのキャセロール695TL。熱々濃厚なトマトクリームソースはパンにつけて残さず食べたくなるおいしさ！

— Info —
Kılıçali Paşa Mah. Meclis-i Mebusan Cad. O1 Blok No:8 D:102 Galataport Beyoğlu ／ 0212-401-0633 ／ www.sait.com.tr ／ 10:00〜24:00、モールの休日に準ず ／ アルコール ○ ／ ももももも ／ トラムヴァイTophane駅から徒歩6分

| Map | p10 C-2 |

オスマン帝国時代からの繁華街

イスティクラール通り
～オルタキョイ周辺（新市街）

Map | p7 A-3~4　p10 A-1~2,B-1

Beyoğlu ～ Ortaköy

　イスタンブールで昔から定番の観光エリアとして有名なのが、イスティクラール通りを中心とするベイオール地区。タクスィム広場からシシハーネへと続くイスタンブールきっての繁華街です。イスティクラール通りは約1.5kmにわたり歩行者天国になっていて、250以上のショップやみやげもの店、飲食店が並んでいます。通りの中央を走るノスタルジック・トラムヴァイも観光客に大人気。ただこのエリアは観光地化しすぎて物価が高いうえにとても混雑するので、タクスィム広場や新しくできたタクスィム・ジャーミィをさっと見たら、広場から地下ケーブルカーのフニキュレールに乗って下り、海沿いのカバタシュへ抜けましょう。ここからドルマバフチェ宮殿（p34）や、地元の人たちの普段の生活を垣間見られる下町ベシュクタシュなどへ徒歩で行くことができます。さらに海辺を北へ進むとオルタキョイに到着しますが、少し遠いのでカバタシュ方面から来るバスでどうぞ。

　オルタキョイは、ボスポラス第一大橋とオルタキョイ・ジャーミィ（p36）があることで知られるエリア。ヴァプール（連絡船）とボスポラス・クルーズの船が発着する波止場もあります。海岸沿いの広場を中心に、周囲一帯にはみやげもの店が軒を連ね、トルコ定番のおみやげがほとんど手に入ります。週末にはこの広場につくり手自らが作品を売る手芸品市が立ち、オヤ（p112）や一点もののアクセサリー、編みものに革小物、絵画などがおかれたテーブルが並ぶので、ものづくりに興味がある人はきっと楽しいはず。オルタキョイ・ジャーミィを見学して買いものを楽しんだ後は、ボスポラス・クルーズに乗船するもよし、広場のオープンカフェでビールやドンドルマ（トルコののびるアイスクリーム）でひと息つくのもよし。観光エリア独特のわくわくした楽しい雰囲気を満喫してください。

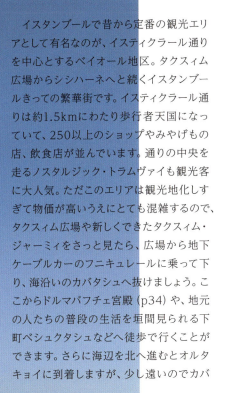

1. オルタキョイ・ジャーミィとすぐそばに架かるボスポラス第一大橋が見える広場は、絶好の写真スポット。**2.** 2021年5月に完成したタクスィム・ジャーミィ。夜のライトアップが綺麗でおすすめ。**3.** イスティクラール通りに行くなら比較的空いている平日の午前中に。スリに気をつけて！ **4.** 手芸品市は観光客が多いので、英語ができる売り手も多い。

Hacı Bekir — ハジ・ベキール

老舗中の老舗、ロクムならここ

 「このロクム、ほかと違う!」——はじめてハジ・ベキールのそれを食べた人は必ず驚いて声を上げてしまうほど、おいしいロクムが手に入ります。ナッツの香ばしさやバラの華やかな香り、私も大好きな甘酸っぱいルビー色のザクロのロクムなど、どれも甘さと素材の香りや風味のバランスの完成度が秀逸。ガラスケースに並んでいるものを量り売りで購入できます。ロクムはトルコみやげの定番お菓子ですが、スーパーなどで販売されている安価な羊羹と有名老舗店の羊羹ぐらいおいしさに違いがあるので、ぜひ老舗の名品をご賞味あれ。旧市街とカドゥキョイに支店があり、箱詰めなら空港でも買えます。

1.迷ったら試食させてもらって。量り売りはこのぐらい、と手振りで伝えればOK。2.ロクムは日持ちがするし、パッケージされたものはおみやげにしやすい。3.大通りに面していて見つけやすいイスティクラール通り本店。

— Info —
İstiklal Cad. No.:83/A Beyoğlu / 0212-244-2804 / 9:00〜21:00、無休 /
メトロTaksim駅から徒歩5分

| Map | p10 A-2 |

※スィルケジ(Map p8 A-2)、カドゥキョイ(Map p11 A-1)などにも支店あり

Nahıl ———————————————————— ナフール

トルコの女性たちを応援できる

　おしゃれなバスグッズやかわいいぬいぐるみ、インテリア小物類、オーガニックの保存食などが並ぶ店内はまるでバザー会場のような楽しさ。実はここ、NGO女性雇用促進財団（KEDV）が運営する手工芸品の製作と販売を通して女性の社会的自立を促進するためのアンテナ・ショップなのです。店内には賛助会員によって手づくりされた手工芸品のほか、寄付されたリサイクル品などが並び、売り上げは製作者に還元されるとともに財団の運営費や寄付金にあてられています。おしゃれな小物を買って、トルコの女性たちの地位向上に少し貢献できるなんてとても素敵なこと。応援したいショップです。

1. 季節ごとに手づくりのかわいらしい商品が店内を飾る。2. 店の奥のスペースでは、作業に勤しむボランティアの女性たちの姿が。3. どこかとぼけた表情がかわいいぬいぐるみたち。4. チンタマーニ（三宝珠文）という、トルコ伝統模様のシリーズのバスグッズ。

— Info —
Bekar Sok. No.:17 Beyoğlu / 0212-251-9085 / www.nahil.com.tr / 9:00〜18:00、日曜休 / メトロTaksim駅から徒歩5分

| Map | p10 A-2 |

Paşa Bahçe ——————— パシャ・バフチェ

1. ゾルル・センターなど、主なショッピングモール以外にもタクスィムのアタテュルク文化センターや空港にも支店がある。2.街角でチャイを飲んだ、あのデザインのグラスが手に入る。3.ファティマの手という中近東の護符模様に、ナザール・ボンジュウを組み合わせたデザインがかわいいカップ。

質のよいガラス製品がそろう

パシャ・バフチェは、18世紀に次々と建設された宮殿の内装に使用するガラス製品を国内で生産するために創業されました。チャイグラスやコップなど普段使いのガラス食器から、ガラス製の花瓶や壁掛けなどの高級美術工芸品まで、ガラス製品ならなんでもそろいます。マグカップやお皿など、センスがよく質の高い日用食器やトルコテイストの雑貨も充実していて、旅の記念になるような品が手に入ります。

また、アジア側のウスキュダルからタクシーで30分ほどのパシャ・バフチェ創業の地、ベイコズ地区にはガラスとクリスタルの博物館があり、宮殿で使用された逸品の数々を見ることができます。

4.ファティマの手の壁掛けをはじめ、1万円程度でトルコらしい上質なアイテムが手に入る。包装も素敵！ 5.玄関に飾り、幸運を呼び寄せる鍵のチャーム。

— Info —

Levazım Vadi Cad. Zorlu Center No.:2 Beşiktaş / 0850-206-2250 / 10:00〜22:00、モールの休日に準ず / メトロOsmanbey駅から徒歩5分

| Map | p6 A-1 |

※タクスィム（Map p7 A-3）などにも支店あり

Beykoz Cam ve Billur Müzesi
ベイコズ・ガラスとクリスタル博物館

www.millisaraylar.gov.tr/Lokasyon/12/beykoz-cam-ve-billur-muzesi

| Map | p6 A-2 （Map外） |

Mado

マド

本場で食べるのびるアイス

　トルコのドンドルマといえば、のびるアイスクリーム(p127)のこと。南東部の町カフラマンマラシュのドンドルマが有名で、そこから名前をとった有名チェーン店。なんと国内に300店舗あります。基本のチョコやバニラもおいしいですが、ヨーグルト味や季節の果物入りなど、トルコらしいものをぜひ試してみてください。

— Info —
Mecidiye İskele Sok. No.:24 Beşiktaş / 0212-259-1015 / www.mado.com.tr / 8:00〜翌2:00、無休 / ベシクタシュからバスで15分

| Map | p7 A-4 |

※イスティクラール通り(Map P10 A-2)などにも支店あり

1. 果物由来のきれいな赤紫は、初夏の果物カラドゥット。甘酸っぱさがたまらない! 2. 青色のロゴが目印(写真はイスティクラール通り店)。

Kruvasan

クロワッサン

ブランチ専門の人気カフェ

　イスタンブールには多くのクロワッサン専門店がありますが、なかでも評判が高いのがこちら。ハムやサラダの冷たいオープンサンド、あたたかい卵料理とクロワッサンのプレートなど、魅力的なメニューの数々をお目当てに、セレブ街ニシャンタシュ近隣の人たちがブランチに訪れます。クリーム入りのデザート系クロワッサンも美味。

— Info —
Teşvikiye Mah. Süreyya Ağaoğlu Sok. No.:10 Şişli / www.kruvasan.com.tr / 8:00〜17:00、無休 / 0212-296-8656 / アルコール × / も / メトロOsmanbey駅から徒歩15分

| Map | p7 A-3 |

1. 豚のハムやベーコンを使ったメニューを含むクロワッサン・プレートはどれもおいしい! 2. ピスタチオとアーモンドクリーム(左)、チョコとブラックベリー(右)をトッピングしたクロワッサン。

Foxy

フォクシー

トルコワインをカジュアルに

　ミシュランシェフとトルコワインの第一人者による、厳選したトルコワインとモダンなトルコ伝統料理を提供するこだわりのワイン・レストラン。ワインリストにはトルコ固有品種のブドウからつくられた希少なワインが並び、トルコ各地のブティック・ワイナリーで少量生産されたものが中心です。グラスでオーダーできる種類も多いので、赤、白、ロゼと料理にあわせてすべて味わってみるのもいいでしょう。ローカル＆カジュアルをうたうだけあって、ワインリストは豪華でも店の雰囲気はとてもオープン。街歩きの途中に、カジュアルな服装でも立ち寄りやすいレストランです。

1. アーティチョークのオイル煮に、アーティチョークのフライをかけてアクセントにした斬新な一品。2. 昼飲みだってもちろんOK! 明るくカジュアルなインテリア。3. ワインリスト以外にも、おすすめワインが黒板に並ぶ。

トルコ料理名物ムール貝のフライに合うのは、やっぱり白ワイン。

— Info —
Harbiye Mim Kemal Öke Cad. No.: 1 Şişli / 0531-484-3891 / Instagram @foxyistanbul / 12:00〜24:00、日曜休 / アルコール ○ / もも も / メトロOsmanbey駅から徒歩10分

Map　p7 A-3

Develi

デベリ

地元の人に愛される王道ケバブ

　家庭料理がおいしいトルコですが、炭火焼きのケバブはごちそうで、レストランで食べます。デベリは地元の人たちに人気のケバブ専門店。市内に数か所支店があるのですが、旅行者がいちばん行きやすいのがこのニシャンタシュ店です。観光やショッピングで訪れるエリアからは少しはずれますが、それでもここのケバブはわざわざ食べに行く価値のあるおいしさ。そのジューシーな味わいにびっくりするはずです。ケバブ屋定番の前菜チー・キョフテやこの店の名物料理の焼きフムスなどのサイドメニューも奇をてらわず、流行を意識せず、それでいてとてもおいしいのでぜひ。

1. 昔は唐辛子とサルチャ、生肉でつくったのでチー(生)・キョフテの名前に。今はブルグルを使う。2. 大迫力、ケバブの盛り合わせ！炭火焼きのトマトやビベル(甘唐辛子)も残さず召し上がれ。

3. オーブンで焼いたフムスは焦げ目が香ばしくておいしい。4. ケバブ屋のデザートといえば、キュネフェとカトメル(p129)。

— Info —
Harbiye Mah. Abdi İpekçi Cad. No.: 61A
Nişantaşı Şişli ／ 0212-514-8383 ／ www.develi1912.com ／ 12:00〜23:00、無休 ／ アルコール ○ ／ ももも ／ メトロOsmanbey駅から徒歩15分

| Map | p7 A-3 |

Yeni Lokanta

イェニ・ロカンタ

洗練されたトルコ料理をコースで

トルコ料理の定番メニューを、イェニ（新しいの意）の店名にふさわしく、イタリア料理やフランス料理にインスパイアされた特別なひと皿として提供するレストラン。シシハーネ駅からすぐと、街歩きを楽しむ途中に利用しやすい立地なのもうれしいポイントです。アラカルトもありますが、7皿または9皿のテイスティングメニュー（コース）がおすすめ。看板料理のイェニ・ロカンタ風マントゥをはじめ、いろいろな料理を少しずつ楽しめます。季節ごとに内容が変わるので、シェフが生み出す洗練された旬の味わいをじっくり堪能してください。料理と一緒に楽しむワインリストも充実しています。

1. イェニ・ロカンタ風マントゥは、ラビオリのようでクリームソースが絶品！
2. アプリコットソースとゴマ風味のパンナコッタ。これだけでも食べにきたいおいしさ！

7皿のテイスティングメニュー3850TL（1人前）の一皿。テイスティングメニューはいろいろな料理を少しずつ楽しめるのがうれしい。 Photo: Yeni Lokanta

Kumbaracı Yokuşu No.:66/B Beyoğlu ／ 0212-292-2550 ／ www.yenilokanta.com ／ 12:00〜15:30、18:00〜24:00、無休 ／ アルコール ○ ／ ももももも ／ メトロŞişhane駅から徒歩3分

| Map | p10 B-1 |

Sankai by Nagaya ─────── サンカイ・バイ・ナガヤ

東京の最高級ホテルで寿司職人として修業したシェフが、こだわり抜いて仕入れた新鮮な魚介を堪能できる。

地元食材をいかす和食の匠と粋

　「このレストランで食事をするために、イスタンブールに行ってみたい」と思わせるようなレストランが、2023年2月にベベッキ・ホテルの3階にオープンしました。その年にいきなりミシュラン1ツ星を獲得し、2024年も継続中。滋味豊かな四季折々のトルコ食材を和食の技術で調理した、繊細なモダン会席料理が楽しめます。ボスポラスの夜景を眺めながら新鮮な寿司をほおばる稀有な経験は、きっと忘れられない思い出になるはず。メニューは寿司コースとおまかせコース（いずれも4700TL）のみで、予約必須です。

1. 向付は日替わり。サーモンのチーズ巻きにザクロ酢のジュレ添えなど、フュージョンな一品も。2. フィレ・ステーキは味噌を使ったソースで。3. 中心部から少し離れた場所にあるため、行き方や送迎サービスの依頼は予約時に相談を。

— Info —
Bebek Cevdet Paşa Cad. No.:34 Beşiktaş ／ 0532-379-1997 ／ sankai.com.tr ／ 18:30〜24:30、日曜日休 ／ アルコール ○ ／ ももももも ／ 送迎サービスあり

| Map | p6 A-1 |

トルコのシンボル
——月と星とチューリップ

街中のあちこちで見かけるトルコ国旗とチューリップ。国旗には赤地に三日月と星ひとつがデザインされています。チューリップはトルコの国花であり、オスマン朝のイメージでもあります。三日月と星、チューリップは、トルコの人々にとって特別であり、愛着のあるシンボルです。

Ay ve Yıldızlar ——————— 月と星

トルコではふだんからさまざまな場所で国旗を目にする。写真は、ボスポラス海峡を渡るヴァプールの船尾で海風に翻るトルコ国旗。

国と伝統への誇りと愛のかたち

　赤地に三日月と星のとてもシンプルなデザインは、オスマン帝国時代からのもの。赤はオスマン帝国の色、三日月はイスラム教の象徴で「発展」を意味し、星はトルコで古くから「未来」を意味するそうです。別の一説によると、オスマン帝国時代の凄惨な戦争の際に、戦士たちの流した血で戦場が染まり、そこに映った三日月と星を、国家存亡をかけた戦いに捧げられた命を追悼するシンボルとして、彼らの犠牲を忘れないために国旗とした、ともいい伝えられています。いずれにせよ、トルコ人は国旗が大好き。ふだんから公共施設をはじめさまざまな場所に国旗が掲揚され、祝日前ともなると家の窓やビルの外壁に国旗が飾られます。女性たちのアクセサリーとしても、月や星はナザール・ボンジュウ（p88）と同様に好まれるデザインです。

Lale ——————————————————————— チューリップ

1. 広大な公園を色とりどりのチューリップが埋め尽くす4月下旬のエミルギャン公園。**2.** 原種のチューリップは花弁が細く尖っている。**3.** モチーフとして描かれるチューリップも、原種の特徴をとらえた花弁が定番のデザイン。

トルコ生まれのチューリップ

　チューリップの原産国が、実はトルコなのをご存知でしょうか。チューリップの原種といわれているもの（写真右上）が、トルコでは人気です。市のシンボルにもチューリップを採用しているイスタンブールでは、毎年春に盛大なチューリップ祭りが催され、ギュルハネ公園やエミルギャン公園などが有名です。毎年その時期になると、大きなピクニックバスケットを抱えた家族連れで公園がにぎわいます。

　チューリップは、国花として愛されるだけではなく、トルコのイスラム教徒にとって大切な花でもあります。トルコ語のラーレ（チューリップ）とアッラー（神）は、同じオスマン文字を使って綴られることから、アッラーを象徴する神聖な花とされているのです。モスクの装飾にチューリップが多用されるのは、このためです。イスタンブールの街中では、よく見るといろいろなデザインのモチーフにもなっているので探してみてください。チャイグラスのちょっと不思議な形も、チューリップをかたどったもの。トルコの寒くて長い冬の間も、チューリップのチャイグラスであたたかいチャイを飲みながら、人々はチューリップの花咲く春を待ち焦がれるのです。

地元のリラックス感が心地よい

カドゥキョイ

Map | p11

　アジア側でいちばんの繁華街がカドゥキョイ。昔ながらの商店街を中心に、おしゃれなカフェやセレクトショップ、飲食店がたくさんあって、観光地ではないリラックスした街の雰囲気を味わえるのが魅力です。通称バルック・パザール（魚市場）と呼ばれるメインの商店街には、食材店や雑貨店、日用品など日々の暮らしに必要なものを売る店などが軒を連ねています。この通りにはシーフードを楽しめるレストラン街もあって、夜にはこちら側がにぎやかに。商店街の裏手にのびる、テルラルザーデ通りは昔から有名なアンティーク街で、格式高そうな骨董品店と古道具店が混在しています。この

1. カドゥキョイの街は、店も人もオープンでカジュアルな雰囲気。旅の途中でリラックスしたくなったらぜひ訪れて。 2. マルマラ海に臨みモダ地区まで続く遊歩道は、地元の人たちの恰好ののんびりスポット。 3. 飲食店も多く、夜遅くまでにぎわっている。 4. がらくた？ 古道具？ お宝？ そもそも売りもの？ 5. 季節のよい時期なら海風が気持ちいいオープン・デッキがおすすめのヴァプール。

通りから南側のモダ地区は若者の街で、センスのいいカフェやショップが集まっています。カドゥキョイからモダまでトラムヴァイも走っていますが本数が少ないので、地元の人たちにならってそぞろ歩きを楽しむのもいいでしょう。

そんなカドゥキョイへの交通手段は、ヴァプール（連絡船）がおすすめ。とくにカラキョイ〜エミノニュ〜カドゥキョイをつなぐ船からは、旧市街のスルタンアフメット・ジャーミィ、アヤソフィア・ケビル・ジャーミィ、トプカプ宮殿が一列に並ぶ壮観な景色を楽しむことができます。カドゥキョイを含めアジア側は、ヨーロッパ側の新市街や旧市街にくらべて比較的物価が安く、夜中までにぎやかながら治安も良好。名所めぐりにちょっと飽きてしまったり、旧市街の喧騒に疲れたら、ヴァプールに乗りこの街へ。商店街でランチを調達し、地元の人たちにまじってマルマラ海の見える公園で日向ぼっこをしてみては？ ゆっくり過ごした後は、ショッピングやカフェめぐりを。旅行中にそんな「住人気分でのんびりする日」があるのもいいものです。

Balıkçı
バルクチュ

鮮魚店

　近海でとれた旬の魚を氷の上に並べて売っています。おじさんたちの呼び込みの声がにぎやか。もちろんトルコ語だけれど、呼び込みの口調が日本のそれとそっくりなのがおもしろい。ヘイ、らっしゃい！

Manav
マナウ

青果店

　近郊でとれた旬の新鮮野菜がずらり。初夏から秋にかけては、サクランボ、アンズ、桃、ブドウなど季節の果物もたくさん並びます。少量でも買えるので、甘くて味の濃いトルコの果物をぜひ食べてみて。

カドゥキョイ

Baharatçı
バハラッチュ

香辛料店

　軒先に吊るされた乾燥ナスや唐辛子が目印。店からなんともいえないスパイスの香りが漂ってくるのが、乾物や香辛料などを扱うバハラッチュ。香辛料、ハーブ類、ドライフルーツやナッツ類、彩りのきれいなハーブティーなど、軽くて持ち帰りやすいものが多いのでぜひ立ち寄ってみて。

商店街散歩

イスタンブールをはじめ、トルコの街ではどこも昔ながらの商店街が健在です。どんな店が並んでいるのか、庶民の街カドゥキョイ中心部の商店街、通称バルック・パザール（魚市場）をちょっと歩いてみましょう。

Turşucu
トゥルシュジュ

漬物店

トルコでは昔から、キュウリやキャベツ、ニンジンにビーツなどさまざまな野菜を塩漬けして発酵させ、保存食にしてきました。量り売りで販売しているほか、瓶詰めもあります。写真手前は、米や肉を巻いてつくる前菜ヤプラック・サルマス（p123）用のブドウの葉の塩漬け。

Şarküteri
シャルクテリ

加工食品店

日本の総菜店に近い品ぞろえ。各種チーズ、鶏や七面鳥のハムはグラム単位の量り売りなので、ほしい分だけ買ってホテルで部屋飲みのおともに。店頭に並ぶオリーブの実は試食OK。ほかにもピクルスや果物のコンポートの瓶詰など、ちょっと重いけれどおみやげにいかが？

ナザール・ボンジュウ
―トルコのお守り―

Nazar Boncuğu

1

トルコにいると、街中のあちこちで見かける青い目玉、あれがナザール・ボンジュウ。ナザールとは、嫉妬や羨望などの悪意が込められた「邪視」という意味で、トルコではかわいいもの、美しいもの、素晴らしいものを邪視が損なうと信じられています。その邪視を跳ね返し、持ち主の身を守ってくれるのがナザール・ボンジュウ。お守りなので身につけるアクセサリーのデザインとしても人気で、店の入口やキャッシャーのそば、オフィスや家の玄関、車のバックミラーにもよく吊るされています。とにかくどこにでも飾ってあるので、トルコにいて目にしない日はありません。

このナザール・ボンジュウ、持ち主の厄を受け身代わりになると割れたり壊れたり、いつのまにかなくなったりするといいます。人からもらったもののほうが守る力が強いとされるので、おみやげにいかが？　毎日見ているとだんだん愛着がわいて、かわいいと思えるようになってくるから不思議です。

1. ギリシャ系の青い瞳と、アナトリア系の黒い瞳をあらわす目のデザイン。2. 玄関に飾るのが定番のナザール・ボンジュウ。よく見たら配線の穴隠しになっているものを発見！

2

Elif Hediyelik
エリフ・ヘディエリック

専門店でお気に入りを

バルック・パザールはずれにあるナザール・ボンジュウの専門店。自社工場製のヨーロッパ輸出向け商品を直売しているので、色使いやデザインがおしゃれなものが多くておすすめです。目が合ったらぜひ連れて帰ってお守りにどうぞ。

― Info ―
Caferağa Mah. Dumlupınar Sok. No.:20 Kadıköy / 0543-392-8109 / 10:00～20:00、日曜・バイラム休 / Kadıköy船着場から徒歩10分

| Map | p11 B-1 |

小さな店にナザール・ボンジュウがぎっしり！　値段は旧市街と同じぐらい。

Story ──────────── ストーリー

カジュアルな本格派

　オスマン帝国時代の建築物をリノベーションしたカフェ。ノスタルジックでのんびりした雰囲気の空間で、店内で焙煎したコーヒーを楽しめます。かつてここで暮らした医師の名をつけたオリジナルエスプレッソブレンド「マルコ・パシャ」なども販売。コーヒー激戦区モダのなかでも、コーヒー好きに人気のカフェです。

— Info —
Caferağa Mah. Dalga Sok. No.:22 Kadıköy ／ 0530-953-7379 ／ Instagram @storycoffeeroasters ／ 9:00〜23:00、無休 ／ トラムヴァイ Moda Caddesi駅から徒歩9分

| Map | p11 C-2 |

古いものを大切にしながらもカジュアルに今を楽しむ、カドゥキョイらしい店構え。

Beige Cafe ──────────── ベージュ・カフェ

高級ブティックの雰囲気

　グレイッシュなベージュに、白のアクセントがシックな雰囲気のカフェ。スタイリッシュで高級ブティックのようです。冷蔵ケースにジュエリーのように並べられたケーキ類は、甘さひかえめで上品な味わい。にぎやかな街の散策につかれたら、このカフェでちょっとひと休みして静かな時間を過ごしてはいかが？

— Info —
Caferağa Mah. Bademaltı Sok. No.:15 Kadıköy ／ 0216-766-1766 ／ 11:00〜22:00、無休 ／ トラムヴァイModa Caddesi駅から徒歩9分

| Map | p11 C-2 |

1. 外の喧噪とは別世界のような落ち着いた雰囲気にほっとするカフェ。2. チョコやコーヒー味がメインで、ケーキ類も店名のとおりベージュ系。

Ciğerci Hulusi

ジエールジュ・フルスィ

レバーのおいしさを新発見！

　カドゥキョイ船着場からほど近くにあるオジャクバシ（炉端焼き）。わざわざジエールジュ（レバー屋）を名乗るだけあり、新鮮でくさみの少ないレバーが看板商品です。熱々のものを極薄のパン（ユフカ）で挟んでグッと串を引き抜き、そのままくるんと巻いて手で食べましょう。脂がほどよくのった羊肉のチョプ・シシ（p124）もおすすめ。

1. レバー10串390TL。半分ずつぐらいに分けて持ってきてくれるので焼きたてを食べられる。2. 野菜の付け合わせは、そのまま食べても、レバーと一緒に巻いても。

— Info —

Caferağa Mah. Misbah Muayyeş Sok. No.:6 Kadıköy / 0216-450-1510 / Instagram @cigercihulusi / 11:30〜翌2:00、無休 / アルコール × / もも / Kadıköy船着場から徒歩5分

| Map | p11 B-1 |

Basta!

バスタ！

お手軽ランチならここ！

　トルコ国内外のミシュランの星つきレストランで修行した若いシェフたちが、ストリートフードはもっとおいしくなるはず！というコンセプトで開いた小さなレストラン。大人気の小羊肉のハンバーガーやドゥルム（ラップ）以外にも、サラダやスープなど軽い食事が日替わりで黒板メニューに並びます。

1. 自家製パンと肉汁たっぷりの子羊肉のハンバーガー345TL。2. 店内はせまく、店の外に小さなテーブルと椅子が並んでいるだけ。長居は無用。

— Info —

Caferağa Mah. Sakız Sok. No.:1 Kadıköy / 0216-414-0865 / www.bastafood.com / 12:00〜22:00（日曜21:00）、無休 / アルコール ○ / も / Kadıköy船着場から徒歩14分

| Map | p11 B-2 |

Çiya Sofrası

チヤ・ソフラス

トルコ野菜のおいしさを堪能

　カドゥキョイでおいしい店といえば、誰もが真っ先に名前をあげる人気店。旬の野菜をたっぷり使った、少し辛くて濃いめの味付けが特徴のトルコ南東部の郷土料理を楽しめます。フムス、キュウリと香草のヨーグルトあえ、旬の野菜のオリーブオイル煮などの冷製メゼの量り売りは、ヘルシーランチとして地元の人やベジタリアンに人気です。あたたかいメゼのコーナーには、イスタンブールでもめずらしい南東部特有の煮込み料理があり、試す価値あり。さらにケバブが食べたければ向かいの姉妹店チヤ・ケバブから運んでもらえるので、お腹を空かせて行ってください。

1. カウンターに並ぶメゼから指差しで食べたいものを選ぶと、店員がきれいに盛り付けてくれる。2. 初夏の果物エリッキと羊肉の煮込み。旬の食材を使った料理も。3. 店内や2階席はグループの観光客が多いので、天気がよければ外の席がおすすめ。

— Info —
Caferağa Mah. Güneş Bahçe Sok. No.:43 Kadıköy / 0216-330-3190 / www.ciya.com.tr / 11:00〜22:00、無休 / アルコール × / もも / Kadıköy船着場から徒歩9分

Map p11 B-2

安くて手軽なロカンタごはん

　ロカンタは、地元の人々が日常的に利用する庶民的なレストラン。日替わりの家庭料理や、伝統的なトルコ料理が手頃な価格で楽しめます。

　店内に入ったら、まずはカウンターに並んでいるたくさんの種類の料理を指差して注文します。メニューはメゼ（前菜）、スープ、メインディッシュ（ケバブ、オーブン料理、煮込み料理など）、デザート。メゼだけ、あるいはスープとサラダだけ、などでもOK。量が多いので「ヤルン ポルション（半分の量）、リュトフェン（お願いします）」といって、半分の量を注文することも可能です。パンは無料、水は有料というところが多く、ソフトドリンクはありますがアルコールはありません。

　セルフサービス式の店なら、最初にトレイを取って料理を受け取り、会計を済ませてから、空いているテーブルに自分で運びます。ウエーターが席まで料理を運んでくれる店なら、食後に支払いをします（チップをお忘れなく）。

　旅行者も気軽に利用できるロカンタ、ぜひ活用してください。

ガラス越しのカウンターに並ぶ料理のなかから、好きなものを選んでよそってもらう。

1. 料理は「あたたかい」ぐらい。ものによってはあたためなおしてくれることも。 2. いろいろ頼んで何人かでシェアしてもOK。

Yanyalı Fehmi Lokantası — ヤンヤル・フェフミ・ロカンタス

どの料理もおいしそうで迷っているときには、「ビル ダキカ（ちょっと待って）」と伝えて。

1. ナスのホワイトソースあえに、羊肉の煮込みがのったヒュンキャル・ベエンディ(p125)。2. 料理にヨーグルトを添えてほしいときには、お願いするとのせてくれる。

地元に愛される老舗ロカンタ

　ギリシャ西部ヨアニナ（トルコ語でヤンヤ）出身の貴族だったフェフミ氏が1919年に創業し、現在3代目が営む名店。厳選された素材を使った伝統的なトルコ料理を提供しています。ロカンタの料理は塩気が強く油っぽいことが多いのですが、この店の料理はあっさりとした上品な味わい。ショーケースから料理を選ぶ楽しさもあって、地元の人たちにも人気を集めています。隣接する小さなカフェではトルコスイーツも楽しめるので、食後に訪れてみて。カドゥキョイの船着場からすぐなので、散策途中の食事やカフェ休憩に便利です。

← Info →
Osmanağa Mah. Yağlıkçı İsmail Sok. No.:1 Kadıköy ／ 0216-336-3333 ／ www.fehmilokantasi.com ／ 9:00〜21:00，無休 ／ アルコール× ／ もも ／ Kadıköy船着場から徒歩12分

Map ｜ p11 A-2

Muutto　ムート

トルコ居酒屋料理をおしゃれに楽しむ

モダンなメイハーネ（トルコの居酒屋）風ストリートフードレストランで、新進気鋭の若手シェフが腕を振るいます。トルコの伝統的な居酒屋メニューがひと味違う洗練されたおいしさで、しかも値段がリーズナブル、とくれば人気が出ないわけがありません。トルコ国内外に支店を展開する勢いのあるレストランです。季節によってメニューが変わりますが、キノコとひよこ豆をトッピングしたトリュフの香るフムス、スモークパプリカが香るスィミット入りのコーカサスチキン、オレンジクリームと南東部のスパイスを使ったタブーレなど10種類あるメゼから5品選べるプレートがおすすめ。

1. トリュフ・オイルの香りがアクセント、スズキのマリネ。2. 選べるメゼ5種類プレート425TL。自家製パンにつけて食べたら止まらない！ 3. ホテルで部屋飲み用にテイクアウトができるのがうれしい！

— Info —

Caferağa Mah. Cemal Süreya Sok. No.:57/2A. Kadıköy/ 0216-515-6245 / www.muutto.com.tr / 12:00〜22:00、無休 / アルコール ○ / ももも / トラムヴァイMühürdarから徒歩3分

| Map | p11 C-1 |

Pembe Yalı

ペンベ・ヤル

深窓の令嬢気分でランチはいかが?

　城塞アナドル・ヒサルの下、ボスポラス海峡沿いの元貴族の屋敷を改装した瀟洒なレストラン。その立地と上品な雰囲気から、地元の高級住宅街ベイコズのマダム御用達の店です。ボスポラス海峡に臨むテラス席も、涼やかな窓辺のテーブルも素敵。伝統的なトルコ料理を少しモダンにアレンジしたラインアップで、白身魚のフライ、パストラミとカシューナッツ入りフムスなど、シェアしやすい日本人好みの味の料理がメニューに並びます。ベイレルベイ宮殿観光と組み合わせれば、オスマン帝国時代にタイムスリップした気分を味わえるかもしれません。

1.比較的ボリュームが多いので、2人なら3～4品のメゼで軽いランチには十分かも。2.ボスポラス海峡の景色も楽しめる窓辺のテーブル席は、貴族邸のダイニングの雰囲気。

— Info —
Anadolu Hisarı Mah. Toplarönü Sok. No.:4/1 Beykoz ／ 0216-308-0051 ／ www.pembeyali.com ／ 9:00～24:00、無休 ／ アルコール × ／ ももも ／ Üsküdar船着場からタクシーで20分

| Map | p6 A-2 |

ボスポラス海峡沿いの高級レストランとしては比較的リーズナブルでおすすめ。

イスタンブールで泊まる

観光都市イスタンブールには、バックパッカー向けの安宿から昔の宮殿や貴族の別荘を利用した超高級ホテルまで、あらゆるランクのホテルが無数にあります。ここでは大人の個人旅行にふさわしい、観光途中に一度戻ってひと休みできるぐらい利便性が高く、それでいてホテルステイも楽しめるような素敵なホテルを厳選してご紹介します。

The Kybele Hotel — ザ・キベレ・ホテル

フォトジェニックなホテル

アンティークとトルコランプがテーマのトルコらしいエキゾチックな雰囲気のホテル。スルタンアフメット中心部にあるため部屋自体はせまめですが、天井いっぱいに吊るされたランプが印象的なロビーやカラフルでキッチュな図書室など、居心地のよいくつろぎスペースがあちこちにあります。イスタンブール観光とホテル滞在、両方を満喫できるホテルです。

1. ロビーというよりサロンの雰囲気。チャイを運んでもらってここでティータイムはいかが？ 2. 部屋の天井にもランプが。ロマンティックな夜になりそう。3. 建物中央部の屋上にあるテラス兼カフェ。

— Info —
Yerebatan Cad. No.:23 Sultanahmet / 0212-511-7766 / www.kybelehotel.com / 全16室 / ツインルーム€150〜 / トラムヴァイSultanahmet駅から徒歩5分

| Map | p9 B-3 |

Ottoman Hotel Imperial ——— オットマン・ホテル・インペリアル

クラシックでシンプルなインテリアが、落ち着いた雰囲気を醸し出している客室。

オスマン朝時代の邸宅に泊まる

　アヤソフィアのすぐ横という絶好のロケーションでありながら、一歩ホテルのなかに入ると旧市街の喧騒が別世界のような、静かで落ちついた雰囲気の瀟洒なホテル。場所柄、部屋自体は広くありませんが、上品ですっきりとしたインテリアがせまさを感じさせません。そしてこのホテル、特筆すべきは5ツ星クラスのホスピタリティに匹敵する秀逸なサービス。記念日旅行など少しぜいたくをしたい旅におすすめです。

1. 朝食はマトバ(p52)で。宮廷料理が絶品なので、滞在中のランチ、ディナーもぜひ。2. 入口はアヤソフィア・ケビル・ジャーミィの横手、最高に便利なロケーション。

— Info —
Caferiye Sok. No.:6/1 Sultanahmet ／ 0212-513-6150 ／ www.ottomanhotelimperial.com ／ ツインルーム€240〜 ／ 全25室 ／ トラムヴァイSultanahmet駅から徒歩5分

| Map | p9 B-3 |

Hagia Sofia Mansions İstanbul — アヤ・ソフィア・マンションズ・イスタンブール

美しい緑の中庭が印象的

　オスマン朝貴族の旧家屋を改装した老舗のブティックホテルが、大手国際ホテルチェーン・ヒルトン系列のホテルとして生まれ変わりました。旧ホテル時代からのクラシックな雰囲気とご自慢の美しい緑の庭はそのままに、スパやプールなどの施設も増築されて5ツ星に。一流ホテルの少ない旧市街中心部で、ラグジュアリーな滞在を満喫できます。

— *Info* —
Kabasakal Cad. No.:5 Sultanahmet / 0212-912-4212 / www.curiocollection3.hilton.com / ツインルーム€270〜 / 全78室 / トラムヴァイSultanahmet駅から徒歩5分

| Map | p9 C-3 |

1.中庭のカフェテラス。カフェは宿泊客以外ももちろん利用可能。2.クラシックで優雅な外観は、老舗ブティックホテルの貫禄が漂う。

Deluxe Golden Horn Sultanahmet

デラックス・ゴールデン・ホーン・スルタンアフメット

オープンテラスで朝食を

　屋上のテラスで朝食をとるためだけにこのホテルに一泊する価値があるぐらい、素晴らしい景観のテラス・レストランがあるホテルです。部屋自体は若干手狭ですが、スルタンアフメット駅から徒歩4分という便利な立地でありながら横道を入ったところにあるため、夜は静かという最高の環境。アクティブに街歩きを楽しみたい人にぴったりです。

— *Info* —
Binbirdirek, Binbirdere Meydanı Sok. No.:1 Sultanahmet / 0212-518-1717 / www.deluxegoldenhornhotel.com / ツインルーム€200〜 / 全63室 / トラムヴァイSultanahmet駅から徒歩4分

| Map | p8 C-2 |

1.旧市街からマルマラ海を一望する絶景に思わず声があがるはず。左にアヤソフィア、右にスルタンアフメット・ジャーミィがすぐそこに！ 2.客室はややせまいものの、宮廷風インテリアでゴージャスな雰囲気。

Hilton İstanbul Bomonti ― ヒルトン・イスタンブール・ボモンティ

ぜひとも高層階ボスポラス・ビューの客室を指定して、アジア側の先マルマラ海までを見渡せる景色を堪能して。

ボスポラスの絶景を部屋でひとり占め

旧市街の喧騒から少し距離をおいて静かに快適に過ごしたいなら、新市街側の大型国際ホテルが便利。こちらのホテルは道路事情がよい立地でタクシーが使いやすく、バリアフリーに対応しているので、年齢を重ねてからの旅行にもおすすめです。エグゼクティブ・フロアに滞在し、ホテルのハマムで観光の疲れを癒してから、ラウンジで供される夕食になりそうなほど豪華な料理とワインを堪能し、朝も夜も部屋からボスポラスの景色を楽しむ──。そんな、大人の旅行の醍醐味を味わってみてはいかがでしょうか?

― Info ―
Silahsor Cad. No.:42 Bomonti Sisli / 0212-375-3000 / エグゼクティブ・ツインルーム€230〜 / 全829室 / トラムヴァイOsmanbey駅から徒歩17分

| Map | p6 A-1 |

1.枕を選べたり、ウェルカムスイーツなど5ツ星ならではのサービスが受けられる。2.ホテル内のあちこちにソファコーナーがあってくつろげる。

ホテル選びに役立つエリア案内

タクスィム
モダンでスタイリッシュなホテルや、4～5ツ星の国際チェーンホテルがあるのは新市街。とくにタクスィム広場近辺に多い。

カラキョイ周辺
カラキョイやガラタ近辺にはおしゃれなブティックホテルがたくさんあり、クラブやバーも多いので、ナイトライフ重視派におすすめの滞在エリアです。

カドゥキョイ
ヴァプールやマルマライを使えば旧市街や新市街に30分程度でアクセスできるアジア側は、穴場の滞在エリア。観光客でごった返す旧市街の喧騒を離れて、暮らすように旅をしたい人におすすめです。

どの宿にするかは予算次第ですが、安全な旅のために立地も重要なポイント。ここでは滞在エリア選びのワンポイントアドバイスを。

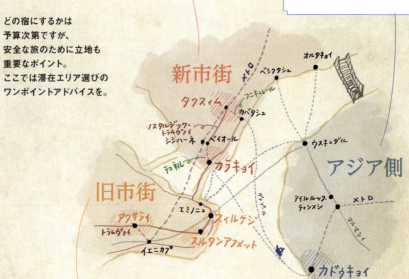

アクサライ
安宿が多く、ディープなトルコを楽しめる地域ですが、享楽の街もあり、夜～深夜の治安に若干の不安があります。ひとり旅や女性ふたり旅なら、ほかのエリアの選択が無難。

スルタンアフメット
旧市街ならほぼどこへでも徒歩で行ける、人気の滞在エリア。夜遅くまで人通りが多く安心ですが、そのぶん深夜までにぎやか。就寝時の騒音が気になるなら、少しでも飲食街から離れたところを選んで。

スィルケジ周辺
スィルケジは交通アクセスがなにかと便利。旧市街をメインに、新市街もアジア側も満喫したい人におすすめの安宿の多いエリアです。ただし駅周辺はかなり騒がしいのが難点。徒歩圏内のトラムヴァイの隣駅ギュルハネ付近のほうが、静かで落ち着いています。

Türk el sanatları

トルコの手仕事

トルコの手仕事

　トルコにはさまざまな伝統工芸品があります。有名なトルコタイルや細密画、手織りの絨毯など、イスラム文化の華ともいえる工芸美術品は、工房やアトリエで修行を重ねたり、専門大学などで研鑽した熟練のアーティストたちによって制作される芸術品。専門店などで買い求めることができますが、博物館に展示されている名品の数々はとくに、息をのむ素晴らしさ。その緻密な作業と絢爛豪華な材料に費やされた財力から、オスマン帝国時代の栄華がしのばれます。

　それよりも身近なオヤ（縁飾り）やレース編みなどの手芸雑貨は、昔のトルコの女性たちが家庭で家事の合間につくり続けてきたもの。自分のため、あるいは娘の嫁入り支度としてつくる以外にも、家計の足しやナイショの現金収入として、こっそりつくって店に卸したりもしていました。こうした手芸品は一般家庭、とくに地方都市の主婦たちに現金収入をもたらしてきましたが、オヤのスカーフを普段から身につける人が減少。つくり手であった女性たちも外へ働きに出るのがあたりまえになってきた昨今、需要も供給も少なくなって入手自体が困難になり、値段も上がってきています。旧市街などで見かけるオヤも現代風にシックな色合いだったり、外国人観光客が好みそうなヨーロッパテイストのニュアンスカラーのものだったり、手工芸品からも「昔なつかしいトルコ」が少しずつ薄れてきているように感じます。

　この章では、トルコの伝統工芸品や手芸品を旅の記念に手に入れたいという方のために、さまざまな工芸品の特徴や良品の見極め方をご紹介します。

1.つくり手の気分や手元にある材料の色で、さまざまなデザインと色あいの作品となるオヤ。2.宮殿やモスク、貴族の屋敷を飾ったアラビア書道と細密画の作品。(サバンジュ美術館) 3.モスクや宮殿を彩るタイルの伝統柄は、陶磁器にも用いられ、トルコ家庭の調度品やおみやげとして人気。4.長い時間をかけてつくり上げられる手織り絨毯。作業の細かさから伝統的に若い女性の仕事だったけれど、今ではなり手が減りますます貴重で高価になっている。

Mozaik Lambası

ランプのデザインと色づかいは店によって異なるので、買う前に何軒かまわってチェックを。

中東の異国情緒を持ち帰る
トルコランプ

トルコの伝統工芸品のなかでも比較的手頃で観光客に人気なのがトルコランプ。その七色の光が生み出す幻想的な美しさに惹かれて、思わず買って帰りたくなる魅惑のアイテムです。もともとはオスマン朝時代にモスクや宮殿を彩る明かりとして制作され、それが市中に広まったとされていますが、現在のトルコの一般家庭で見かけることはあまりなく、おみやげ品としての需要が多い工芸品といえるでしょう。

トルコランプには、工場でつくられる吹きガラスのタイプと、色とりどりの小さなガラス片やビーズを貼りつけたモザイクのタイプがあり、モザイクランプは一般家庭の主婦が内職でつくっていることが多いようです。ランプはかさばり割れものなので持ち帰るのが大変ですが、キャンドルホルダーなら手軽なおみやげとして◎。電気が発明される前に使われていた頃のようにろうそくを灯して、その仄暗い色とりどりの輝きを眺めながらいにしえのトルコに想いをはせてみてはいかが？

1.中東らしい月のデザインのフレーム。フレームのデザインも豊富で選ぶのが楽しい。2.モザイクのデザインは多数あり、好きなものを選べる。ふたつ違うものを組み合わせるとエキゾチックでおしゃれな感じに。3.ランプシェード部分は簡単に入れかえられるので、迷ったら複数買うのもあり。

購入時のアドバイスなど

→ ランプシェード以外の部分の素材は、鉄、真鍮、銅製があり、それぞれ値段が異なります。室内での使用ならデザインと予算で選んでOK。

→ シェードは簡単に交換できるので、気に入ったデザインを選んで付けかえてもらいましょう。店頭で実際に灯をいれて色や明るさの確認もお忘れなく。

→ どの店も海外客に慣れていて、ちゃんと梱包してくれるのでご安心を。

→ トルコの電圧は200Vで110Vの日本より高いため、多少暗くはなりますが、変換プラグをつけてそのまま使うこともできます（ただし自己責任で）。電球も規格が異なり日本では手に入りにくいので、交換用の電球をいくつか余分に買っておくのがおすすめです。

変換プラグはランプを購入した店でもらえることもあるので、頼んでみよう。

贅を尽くした宝石の花たち　トルコタイル＆陶磁器

　トルコを旅していると、さまざまな観光名所で目にするトルコタイル。数世紀前のものとは思えないあざやかな色の秘密は、その原料にあります。紺碧はラピスラズリ、ターコイズブルーはトルコ石、赤は珊瑚、グリーンはエメラルド……。トルコタイルの美しい花や果物は、なんと宝石の粉末で描かれているのです。

　トルコにおけるタイルの起源は9〜10世紀のカラハン朝の頃といわれ、その後中国の陶器文化の影響を受け、14世紀頃に本格的な生産がはじまりました。オスマン帝国最盛期の16世紀には、スルタンおかかえの工房がイズニックという街に設けられ、タイル生産の中心地に。しかし17世紀頃からキュタフヤに工房が移され、現在ではキュタフヤがトルコタイルや陶磁器の大量生産の中心地です。

　それでも16世紀にモスクや宮殿の建材としてイズニックで制作されたものは圧倒的な美しさで、スルタンアフメット・ジャーミィやリュステム・パシャ・ジャーミィがトルコタイルを世界的に有名にしました。その美しさに魅せられ、トルコタイルや陶磁器は観光客に人気のおみやげですが、本物の「宝石の花」を見分けるためには、ちょっとした知識が必要です。左ページの「知っておきたいポイント」を参考にしてください。

Çini

3. イズニックの小さなアトリエの作品。女性のデザイナーによるどこかあたたかみのあるふっくらとしたデザイン。**4.** 豊穣のシンボル、ザクロも代表的な伝統柄。

1. 青の統一感が美しい、トプカプ宮殿ハーレムの廊下の一角。ハーレム内の壁はさまざまなタイルで埋め尽くされていて、一見の価値あり。**2.** モスクのタイルといえばチューリップ柄。くわしくはp82へ。

購入時に知っておきたいポイント

➡ 産地にこだわったほうがいい?

現在流通している商品は、主にキュタフヤで製造されたもの。技法、デザインともに正統派イズニック式のものであれば、産地にこだわらなくてもOK。現在イズニックでは失われた技術を復興しようと小さな工房がいくつもできていますが、生産量と流通ルートが限られているので、どうしてもイズニック産をと思うなら、いっそイズニック（p154）の街を訪れてみて。

➡ 主な原料は?

正統派のイズニックタイルや食器類は磁器。主原料の石英の粉末を高温で焼いているため、爪で軽く弾くと金属音の澄んだ音がします。土を焼いた陶器はくぐもった音がするので判別できます。

➡ デザインは?

正統派はモスクのタイルにも見られるような、チューリップやザクロ、カーネーションを赤、青、水色と白で描いた繊細で美しい花や植物のデザインが主流です。最近の作品には、自由なデザインと色使いのものもあり、お好み次第で。

ターコイズブルーに魅せられて
トルコ石
Turkuaz

　持ち主を危険や邪悪なエネルギーから守る力を持つといわれ、旅人の石ともいわれるトルコ石（トゥルクアズ）。その美しい青色から空（天）を象徴する貴石として、血（人）を象徴するサンゴとともに世界各地の古代王朝で愛用されてきました。イズニックタイルは着色にこのトルコ石やサンゴを使用しているため、数百年たった今でも変色せず当時と同じ美しい色合いを私たちに見せてくれます。

　このトルコ石、実はトルコでは産出されず、イランからシナイ半島が主な原産地。イスタンブールに運ばれ装飾品に加工された後にヨーロッパへ輸出されてきたことから、フランス語の「トルコの」という意味からターコイズという名前がつきました。

パワーストーンが直接肌に触れるように、わざと枠なしに加工されたペンダントヘッド。

トルコ石は古代からトルコはもちろんエジプト、ペルシャ、インドで宝飾品として愛用されてきた。

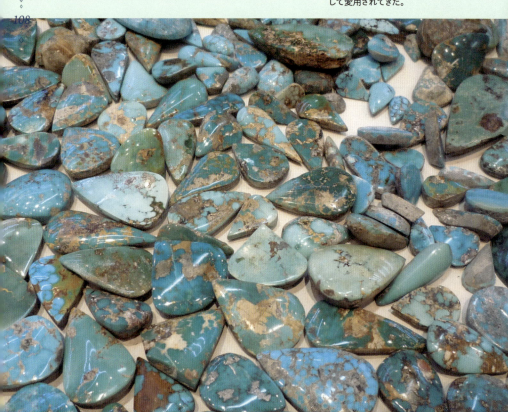

上5つがアンティーク、下4つがニュー。
ほかの鉱物の含有度でブルーの色
合いが変わる。

▶ 天然石と再結成石

　トルコ石は、含有する銅の量によってその青色の度合いが変わり、また鉄などのほかの鉱物の含有度によって、緑や茶色を帯びたものになります。「アンティーク」と呼ばれる古い地層から採掘される鉄含有量が多く緑色の強いもの、「ニュー」と呼ばれる新しい地層から採掘される青みの強いものが主に出まわっています。

　安いものは、天然トルコ石の粉末をプラスチックなどでかためて再生した再結成石がほとんど。当然天然石ではありません。石の裏側を見れば、天然鉱物なのか再結成されたものなのか一目瞭然です。

▶ 選び方

　値段については、装飾品はデザイン料や土台の素材の価格も含まれるため一概にはいえませんが、アンティークやニューの天然石は、再結成石の数倍します。値段が高い理由をきちんと説明してくれるなら、その店は良心的。石の重量によって値段を計算するところが多いので、そんなところにも注目を。

　アクセサリーをデザイン優先で購入するのもひとつの選び方ですが、品質のよさは値段に相応するということも事実。「それは再結成石だから安い」、「それは天然石に純銀の枠だから高い」ときちんと説明してくれる店で、じっくり選んで自分が納得した金額で購入したほうがいいでしょう。

左が天然石。右の再結成石は
不自然なほど青色が均一。

金のテズヒップで装飾されたコーラン。(サバンジュ美術館所蔵)

Tezhip,

イスラム伝統文化に触れる
テズヒップと細密画、アラビア書道

　テズヒップは、14世紀頃からコーランをはじめとする「写本」を彩る芸術として発展した伝統工芸です。イスラム教では偶像崇拝が禁止されていることから、本文の枠や縁取りとして、花や植物、幾何学模様を信じられないほど繊細に描きました。それと同じ技法で人物や場面、風景画などを描いたものが細密画(ミニアチュール)。いずれも金箔や金粉・銀粉のペースト、トルコタイル同様貴石を粉にした水彩絵の具を使って描かれており、オスマン朝時代の宝飾品の色づかいはそのままに、まるで壁に飾る宝石のような華やかさがあります。現在では、オスマン朝時代をイメージした、皇帝やハーレムの様子、踊り子、戦士や貴族の姿などの作品が販売されています。

　一方、モスクの壁や、皇帝たちが自身のサインとして用いたトゥーラ(花押)に見られるとても装飾的な文字が、アラビア書道。もともとは10世紀のアッバース朝の書道家が、コーランを誰もが読めるように書体を統一しようとしたのが起源で、それが発展していくつかの書体が今に伝わるそうです。竹や葦でできた独特の筆でアラビア語やオスマン語を書いたものですが、装飾

1. 7cm×5cm程度の大きさに、ハーレムで皇帝のために音楽を奏でる楽団の女性を描いた細密画。人物の顔が独特。**2.** 19世紀初頭の皇帝、マフムト2世の花押。歴代の皇帝はそれぞれ自分のトゥーラを持っていた。

Minyatür ve Hat

的すぎて一般のトルコ人でも読めない人が多いとか。エキゾチックで装飾的な美しさから、テズヒップやミニアチュールとあわせて旅行の記念品として人気です。購入時は、これらを扱う専門店はもちろん、意外な穴場がミュージアム・ショップ。宮殿や博物館を訪れたらのぞいてみてください。

※トルコでは骨董品の国外持ち出しが禁止されているので、購入時には店に確認が必要

◆ Sakıp Sabancı Müzesi
サバンジュ美術館

　ルメリ・ヒサルにほど近い高台にあり、トルコ随一の富豪サバンジュ家の屋敷が美術館として公開されています。美術品や家財は見ごたえあり。

— Info —
Emirgan, Sakıp Sabancı Cad. No.:42 Sarıyer / 0212-277-2200 / www.sakipsabancimuzesi.org / 10:00～18:00、月曜休 / 入館料300TL / カバタシュからバスで45分

| Map | p6 A-1 |

Oya

手から手へと渡される花たち
オヤ

　あざやかな色合いの糸で編まれたオヤは、服飾品やスカーフの飾りとして、トルコの女性たちに引き継がれてきました。オヤには種類があり、レース編み用の細いかぎ針（トゥー）で編まれるトゥー・オヤ、縫い針（イーネ）で編まれるイーネ・オヤ、ビーズ（ボンジュク）を先に糸に通して編み込んでいくボンジュク・オヤと呼ばれるものなどが有名です。

　オヤの起源については諸説あり、12世紀頃にトルコからギリシャを経由してイタリアやフランスに広まって、16世紀にはフランス宮廷でも人気だったといわれています。逆にフランスのレース編みの技術もトルコにもたらされ、さらにオヤ文化が発展していったとか。こうして技術的に向上していったオヤの最大の特徴は、立体的であること。葉や花、果物や蝶々などを立体的に編む技術は、他国の手芸技術には類をみない独自のものです。

　オヤの色づかいはとても華やかで個性的。昔のトルコの女性たちは、家から外出する機会も少なく、ましてや長い曇天ときびしい寒さが続くトルコの冬の間、オヤやキリムの明るい色糸での手仕事が気晴らしになったのではないでしょうか。

口伝えで引き継がれていく

　オヤがほぼ商業目的で製作されている現在、イスタンブールで売られているものはとくに現代的でシックな色づかいのデザインがほとんど。けれど今でも地方で個人が趣味としてつくるものには、昔ながらのとてもあざやかな色合いで伝統的なデザインのオヤがあります。オヤに限らず、毛糸の手編みや刺繍など、トルコ手芸は編み図に頼らずに、母から娘へあるいは友人や親戚の女性へと、口頭でデザインが伝えられてきました。ひとつの作品にさまざまな種類の花が使われているものを博物館などで見かけますが、それは編み方を伝授するための教科書のようなものだとか。かつての識字率の低さもあるでしょうし、立体のものを文字や図で説明するのもむずかしいのでしょう。現在でも、トルコではSNSで編み方を公開している人がたくさんいて、この「口頭で伝えるトルコの手芸文化」は今でもずっと、続いているのです。

立体的なトゥー・オヤ（手前）はまさに芸術作品。

113

1

2

3

1.日本でもふだん使いできそうなシックな色のものも増えてきたトゥー・オヤのネックレス。2.立体的なイーネ・オヤと天然石の組み合わせ。トゥー・オヤにくらべるとイーネ・オヤのほうが値段が高い。3.ビーズを織り込むボンジュク・オヤ。桑の実のデザインがかわいい。

最近では伝統的な花モチーフではなく、イマドキな色使いやデザインのものも人気。

Kilim

あこがれと願いを織り込んで
キリム

　トルコの伝統工芸品として名高いキリムと絨毯。キリムは縦糸に横糸を通していく平織りの織物で、絨毯は縦糸に糸を絡めてつくった結び目を短く切りそろえた織物です。いずれも、100年以上前のものはアンティーク、30年前までのものはオールド、それ以降は商業用製品（イマラット）と区分され、年代や染色、織りの技術によって値段が決まります。より手間のかかる絨毯は高額ですが、キリムは昔から庶民のもの。
　その起源は7000年前に遡るといわれ、中央アジアの遊牧民の女性たちが自分の家（テント）で使用するためにつくったのがはじまりです。後世トルコ各地に定住してもなおつくり続けたことで、羊毛の染色法や織り方がトルコの地に伝わりました。発色のむずかしい色はその集落の薬師が秘伝のレシピで調合したそうで、なかには数十年経っても色褪せていないものも。今でこそ草木染めのオールドは希少価値が高く高額ですが、当時の人々にとっては、見たことのないような明るい発色の人工染料こそ、奮発して手に入れた貴重なものだったのです。草木染めにほんの少しだけ人工染料で染めた色糸をアクセントに使っているキリムを目にすると、苦労の多い生活のなかで、美しいものや都会にあこがれ、少しでも生活に彩りを求めた当時の女性たちの気持ちが伝わってくるようで、作品に愛しさを覚えます。

願いが織り込まれた模様の数々

　キリムには、家族の安全や幸せ、自分の願いが模様として織り込まれました。たとえば白鳥は、生涯を同じ相手と添い遂げる幸せな結婚のシンボルで、それは婚礼を控えた若い女性が新しい生活への期待と願いを込めて織ったものかもしれません。忍耐をあらわす亀と家庭の平安を織った一枚は、母が嫁ぐ娘の幸せを祈り教訓を込めて織ったものでは……と一枚一枚に込められたメッセージを読み解いていくと、いつの時代にも変わらない想いに親近感を覚えずにはいられません。
　手織りのキリムは織図もなく限られた手持ちの材料で織られているため、途中から色が変わっていたり、模様が中途半端に終わっているものもあります。今では本物の手づくりの証しとしてむしろ高値がつくそうですが、市場価値はさておき、完璧すぎる商業用製品と並べるとその一枚が醸し出す雰囲気の違いは一目瞭然。どちらを買いたいか、しばらく眺めたり実際に触れたりしていると、自然に答えが出るように思います。絨毯とキリムは、ゆったりと時間をかけて選びましょう。

模様の意味

トルコ古来のナザールボンジュウ

結婚

陰陽（夫婦の絆）

白鳥（一生添い遂げる）

子宝に恵まれますように

亀（忍耐）

星（希望や未来）

鳥（よい知らせ）

ランプ（希望の光）

選び方のワンポイントアドバイス

　素材や織りの技法の違いによる価格差は素人では判断しにくいうえに、近年値上がりが激しく相場がつかみにくいのがキリムと絨毯選びのむずかしさ。できれば数軒まわって同じサイズの価格帯や値ごろ感をつかんでから金額交渉をするのがおすすめです。ドルやユーロの現金払いも値引交渉のポイントに。
　とはいえ、毎日目にするものなので、多少の値段差よりも「本当に気に入って毎日見たいもの」を選ぶことをおすすめします。

Suzani

シルクロードが運ぶ花刺繍たち
スザニ

　旧市街のみやげもの店が並ぶ通りを歩いていると、あざやかな花柄刺繍のクッションカバーが店頭に並んでいるのが目につきます。あれはスザニという、ウズベキスタンの伝統刺繍。シルクロード貿易が盛んだった頃、イスタンブールはヨーロッパとシルクロードをつなぐ貿易拠点として、さまざまな物資が集まっていました。そのひとつがスザニで、正確にはトルコの伝統工芸ではありませんが、ベッドカバーやクッションカバーのほかに、トルコで加工されたバッグやブーツが人気を集めています。

　スザニはキリムと同様に、ウズベキスタンの母から娘へ、嫁入り道具の準備というかたちで受け継がれていった伝統工芸品。最初は小間物から、次第に間仕切りや防寒など多目的に使用される大きな布まで何年も何年もかけて少しずつつくり、そろえられたといわれます。そのなかには、刺繍をあえて完成させずにほんの少しやり残してあるものもあります。それは母が娘の「終わることのない」幸せを願ってあえて終わらせないという、心があたたかくなるようなエピソードも。

　現在市場に出まわっているスザニは商業用がほとんどで、従来の伝統柄である黒や茶色の濃い色の布地にあざやかな色糸の刺繍よりも、洗練された印象の白やベージュの地に明るくおだやかな色合いで、ザクロ、チューリップ、カーネーションなど、トルコでも愛される伝統柄が刺繍されたものが人気を集めています。シルクロード生まれのスザニ刺繍は、不思議と和室の畳にもよく似合います。だんだんとつくり手が減りよいものは貴重なので、お気に入りが見つかったらぜひ。

伝統柄のスマホポシェット。このサイズだとかわいらしすぎずにふだん使いできそう。

豊穣のシンボルであるザクロ、天国をあらわすカーネーション、魔よけのシンボル唐辛子は、スザニの人気モチーフ。

Türkiye'nin lezzetleri

トルコのおいしいもの

豊かな大地と四季の恵みを味わい尽くす

トルコ料理

　世界三大料理のひとつといわれるトルコ料理。トルコ料理は、約500年のオスマン帝国時代の広大な領土支配と、シルクロードや海路を通じた交易から、広くバルカン半島、北アフリカ、ユーラシア内陸部の各地域の食文化と融合し、影響を与えあいながら発展してきました。たとえば、トルコのピデはイタリアのピザと類似していてどちらが元祖か今でも論争が続き、マントゥは中国の餃子に似ていて、さらにそれがイタリアに伝わりラビオリになったとか。ギリシャ料理はトルコ料理との共通点が非常に多く、遠くスウェーデンのミートボールはトルコのキョフテが伝わった料理と聞いたら、驚きませんか？

　こんなふうに、あちこちに親戚がいるようなトルコ料理ですが、国内でも地域ごとに豊かな食文化が広がっています。トルコ料理といえば有名なのはケバブですが、各地方に名物のケバブがあり、バラエティに富んだ味付けを楽しめます。とくに有名なのは、トルコ南部地中海沿岸の街アダナの香辛料のきいたアダナ・ケバブ、トマトソースとヨーグルトの酸味がアクセントのブルサ（p152）名物のイスケンデル・ケバブなど。現地で味わえたら最高ですが、イスタンブールにも各地の名物ケバブを得意とする専門店があるので、驚くほどくさみがない新鮮な肉を使った本格ケバブを、滞在中に一度は味わってみてください。

　さらに、トルコ料理の大きな特長は、野菜料理のバラエティの豊富さにあります。いろいろな野菜を食べてみたいなら前菜（メゼ）がおすすめ。中近東料理を代表するフムスやナスのサラダ、そしてトルコ宮廷料理の系統をひくヤプラック・サルマス（ブドウの葉のピラフ巻き）もはずせません。メイン料理なら、パトゥルジャン・ケバブ。ナスと肉団子を交互に刺して串焼きにするのですが、肉汁を吸って香ばしい炭火の香るナスのおいしさといったら！　野菜を煮込んだ料理も数多くあります。オリーブオイルとトマト、そして香辛料や新鮮なハーブが野菜本来の滋味をひきたて、野菜ってこんなにおいしいものかと感動するでしょう。

　ほかにおすすめしたいのは粉もの。トルコはパンがおいしいことで有名ですが、それは小麦栽培と小麦（粉）を使った料理の歴史が非常に古く、小麦粉自体がおいしいから。ピデやギョズレメなどの手軽なストリートフードもおいしいので、おやつにどうぞ。

　トルコは知られざる美食の宝庫です。トルコ滞在中にたくさんおいしいものを堪能してください。

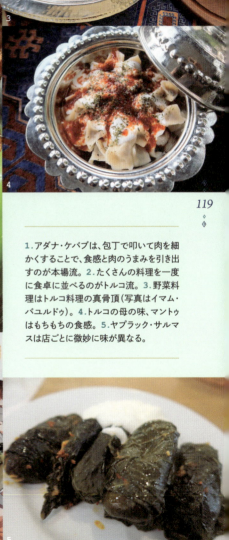

1. アダナ・ケバブは、包丁で叩いて肉を細かくすることで、食感と肉のうまみを引き出すのが本場流。2. たくさんの料理を一度に食卓に並べるのがトルコ流。3. 野菜料理はトルコ料理の真骨頂（写真はイマム・バユルドゥ）。4. トルコの母の味、マントゥはもちもちの食感。5. ヤプラック・サルマスは店ごとに微妙に味が異なる。

イスタンブールで食べる

レストランの種類

イスタンブールには、ストリートフードから美食レストランまで、さまざまなレストランが無数にあります。トルコ人は食に関して保守的で、旅行者もせっかくならと本場のトルコ料理を選ぶので、評価と人気が高いのはやはりトルコ料理の店。ただひとくちにトルコ料理レストランといっても、伝統の味を守り続ける老舗の有名店や、最近流行の若手シェフによるモダンな創作トルコ料理店など、選択肢はたくさんあります。活気あふれるトルコの外食文化を楽しみましょう。

Lokanta

ロカンタ

トルコの伝統的な家庭料理をずらりと並べたカフェテリア方式の大衆食堂。セルフサービスの安価な店から、ウエーターが料理を運んでくれる店までさまざま（p92）。

ボリュームたっぷりでお手頃、気軽に入れるロカンタは庶民の味方！

Kebapçı

ケバブチュ

ケバブ専門店。日本でも有名なシシ・ケバブやドネル・ケバブ、アダナ・ケバブなどがメニューに並びます。とくにおすすめはラムチョップのピルゾラ。やわらかくてジューシー、驚くほどおいしい！新鮮な羊肉はくさみが少ないので日本より食べやすいはずですが、苦手な人は鶏の手羽先カナットや、ナスと肉団子のケバブを頼んでみて。

Ocakbaşı

オジャックバシ

炉端焼きの店で、串刺しした肉や野菜を職人が焼いてくれます。ケバプチュよりもカジュアルな雰囲気で、値段も手頃。アルコールを提供する店も多いので、お酒を飲みながらアツアツの子羊の串焼きが食べられます。羊肉が苦手な人には手羽先専門店のカナッチュ（Kanatçı）、自分で食材を選んで焼けるマンガル（Mangal）などもおすすめ。

1. オジャックバシ店内の、煙となんとも渋い雰囲気は日本の焼き鳥店にそっくり。**2.** 準備不要で手軽に楽しめるマンガルは家族連れに人気。

Balık Restoran

バルック・レストラン

魚介類専門のレストラン。旧市街クンカプのシーフードレストラン街や、ボスポラス海峡沿いの高級シーフードレストランが有名。

1. トルコでは、魚はシンプルに塩焼きがいちばん人気。なぜか付け合わせの定番は玉ネギ。**2.** クンカプのシーフードレストラン街は生演奏があり、お酒も入って夜がふけるにつれ盛り上がる。

Mayhane

メイハーネ

メゼとトルコの蒸留酒ラク（p133）などが楽しめる居酒屋。バンドの生演奏があるところもあり、夜遅くまでにぎわっている。

♦ そのほかのレストラン

- ◎ チョルバジュ *Çorbacı* ……………… スープ専門店
- ◎ ピデジ *Pideci* ……………………… ピデ専門店
- ◎ ボレッキチュ *Börekçi* ……………… ペストリー専門店
- ◎ パスターネ *Pastane* ………………… パンとケーキ店
- ◎ キョフテジ *Köfteci* ………………… ミートボール専門店
- ◎ クル・ファスリエジ *Kuru Fasülyeci*
  ………………………… 白インゲン豆の煮込み専門店
- ◎ ピラヴジュ *Piravcı* ………………… ピラフ専門店

レストランの事情あれこれ

外食を楽しむ文化のあるトルコですが、インフレの影響でレストランの価格も高騰し、とくにイスタンブールはもはやヨーロッパ並みになってしまいました。安価で手軽なはずのファストフード店や屋台も、もはやそこまで安くない印象。インフレで生活が大変という人も回数を減らしたり、おいしい店を厳選したりしながら外食の楽しみを大切にしているので、現地の人たちで混んでいる店はおいしいこと間違いなし。富裕層の間では依然として外食が人気で、最新の美食トレンドの街イエニキョイは次々と新しいレストランがオープンし、にぎわっています。

トルコ料理のメニューカタログ
Türk Mutfağı Menü Kataloğu

Yayla Çorbası
ヤイラ・チョルバス

「高原のスープ」。主な材料は米とヨーグルトで、酸味がきいたとろみのあるスープ。ミントの香りがさわやか。

İşkembe Çorbası
イシュケンベ・チョルバス

「飲んだ後のシメのラーメン」的なポジションの羊の臓物スープ。生ぐささが気になったら、ニンニクや唐辛子、酢をかけてみて。

どのトルコ料理レストランにもありそうな、代表的なメニューをご紹介。このページに入りきらないほどトルコ料理のメニューは豊富なので、旬の野菜を使ったものなど季節の料理があったらそちらもぜひ！

スープ
Çorbalar

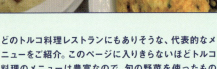

Mercimek Çorbası
メルジメッキ・チョルバス

レンズ豆にサルチャ（p138）をきかせたシンプルなスープ。お好みでレモンや唐辛子を味のアクセントに。

Domates Çorbası
ドマテス・チョルバス

トルコの酸味とうまみの強いトマトを使ったとろりとしたスープ。上にのったチーズを溶かしてまぜながら食べる。

Günün Çorbası
ギュヌン・チョルバス

日替わりスープ。写真はおしゃれなヤイラ・チョルバス。このページで紹介しているものや、店オリジナルのスープが供される。

スターター
Mezeler

Karşık Meze
カルシュック・メゼ
—
カルシュックとは「いろいろ混ざった」という意味。数種類のメゼを少量ずつ盛り合わせてくれるのでいろいろ楽しめる。

Humus
フムス
—
ニンニクとゴマの香りがきいた、ひよこ豆のペーストで中近東の定番料理。オリーブオイルと唐辛子をお好みで。

İmam Bayıldı
イマム・バユルドゥ
—
「坊さんの気絶」。トマトと刻んだ野菜を、焼いたナスにのせて蒸し煮にしたもの。おいしすぎてお坊さんが気絶したとか。

Patlıcan Salatası
パトルジャン・サラタス
—
炭火焼きしたナスをほぐし、オリーブオイルとニンニクを入れペースト状にしたもの。とくにケバブ屋のものはおいしい。

Yaprak Sarması
ヤプラック・サルマス
—
塩漬けしたブドウの葉でピラフを親指程度の太さにくるみ、オリーブ油煮にした米料理。冷製と温製がある。

Biber Dolması
ビベル・ドルマス
—
ビベル（ピーマン）に味付けしたピラフを詰めてトマト風味の汁で煮た料理。ズッキーニやナスのドルマ（詰めもの）もある。

サラダ
Salatalar

Çoban Salatası
チョバン・サラタス
—
トマト、キュウリ、玉ネギの角切りをミックスしたトルコの定番サラダ。味付けしてあるのでそのままどうぞ。

Mevsim Salatası
メヴシン・サラタス
—
季節のサラダ。葉物とキュウリやトマトに、コーンや紫キャベツなど旬の野菜が入る。自分で味付けして食べる。

Patates Salatası
パタテス・サラタス
—
ハーブの香りとレモンの酸味に、赤唐辛子がきいたポテトサラダ。マヨネーズでなく塩、コショウで味付けされている。Photo: Naho Baba

ケバブと
メイン料理
Kebaplar ve Ana Yemekler

トルコ料理はそもそも大皿料理を取り分けて食べるスタイルなので、シェアして食べても大丈夫。「オルタヤ（真ん中へ）リュトフェン（お願いします）」とウエーターに告げれば、取り皿も持ってきてくれる。

Adana Kebabı
アダナ・ケバブ

パプリカの辛味とハーブ類の香りがきいた羊肉ミンチのケバブ。香草がくさみを抑えて羊肉が苦手でも比較的食べやすい。

Ali Nazik Kebabı
アリ・ナーズィック・ケバブ

焼きナスとヨーグルトのピュレの上に、ひき肉もしくは角切りの羊肉のローストをのせたもの。肉がトマト風味のこともある。

Pirzola
ピルゾラ

ラムチョップ。羊肉のいちばんおいしいところともいえる、やわらかくてジューシーな肉そのもののうまみを味わえる。

İskender Kebabı
イスケンデル・ケバブ

薄パンの上に削いだケバブをのせて、上からトマトソースとアツアツのバターソースをかけ、ヨーグルトを添えた一皿。

Patlıcan Kebabı
パトゥルジャン・ケバブ

厚切りにしたナスと香辛料をきかせた肉団子を交互に串刺しにし、炭火で焼いたもの。ラヴァシュ（薄パン）で巻いて食べる。

Kanat
カナット

鶏手羽先を味付けして炭火で焼いたもの。羊肉が苦手な人はもちろん、日本人にはまず間違いなくおいしい安心メニュー。

Şiş Kebabı
シシ・ケバブ

羊肉を串刺しにし、炭火であぶって焼いたケバブ。シシは串の意味。肉を串からはずしてから食べる。

Izgara Köfte
ウズガラ・キョフテ

香辛料をきかせた羊肉のミンチをミニハンバーグのようにまとめて、炭火で焼いたもの。店によって風味が微妙に違う。

Çöp Şiş
チョプ・シシ

チョプとは「切り落とし」のこと。羊肉の各部位を切り取った残りを串刺しにし炭火で焼いたもので、B級グルメファンにおすすめ。

İçli Köfte
イチリ・キョフテ
—
外はカリカリ、なかにひき肉や玉ネギを炒めた具が入ったピロシキに似た揚げもの。茹でたものもある。

Kuru Fasulye
クル・ファスリエ
—
乾燥白インゲン豆をトマトソースで煮込んだもの。定番のトルコの家庭料理のなかでも、もっともポピュラーな料理。

Hünkar Beğendi
ヒュンキャル・ベエンディー
—
「皇帝のお気に入り」。ナスとベシャメルソースのピュレに、トマト風味で煮込んだ羊肉のシチューをのせた一品。

Güveç
ギュヴェチ
—
角切りにした羊肉と野菜、野菜のみ、魚介類をトマトソースと一緒に鉄鍋や素焼きの土鍋に入れグツグツ煮込んだもの。

Mantı
マントゥ
—
牛ひき肉入りの茹でた小さな餃子に、ニンニク入りのヨーグルトをのせて、上からサルチャとバターの熱いソースをかけた一皿。

ケバブ屋で一緒に——

Lahmacun
ラフマジュン
—
小麦粉の薄皮に、香辛料とハーブ入りのひき肉のたねをのせて焼いた薄いピザ。ケバブ屋でメインの前に食べるのが定番。

レストランで役立つトルコ語

Ayran アイラン
塩味のヨーグルトドリンク
※肉料理と一緒に

Bira ビラ
ビール

Rakı ラク
トルコの蒸留酒

Şarap シャラップ
ワイン

kırmız Şarap
クルムズ・シャラップ
赤ワイン

Beyaz Şarap
ベヤズ・シャラップ
白ワイン

Ekmek エキメッキ
パン

Servis Tabağı
セルヴィス・タバゥ
取り皿

Bardak バルダック
コップ

Kaşık カシュック
スプーン

Çatal チャタル
フォーク

Buçak ブチャック
ナイフ

Peçete ペチェテ
ナプキン

Kül Tablası
キュル・タブラス
灰皿

Hesap ヘサップ
勘定書

ストリートフードの誘惑

トルコの街角にはおいしいものがあふれています。店先のテーブルなどで気軽に食べられ、ちょっとした食事がわりにもなりそうなトルコB級グルメをご紹介。

お手軽ランチの定番

Balık Ekmeği & Balık Dülümü
バルック・エキメイ & バルック・ドゥルム
—

エミノニュの船着場付近で香ばしいにおいを漂わせているのが、名物バルック・エキメイ(サバサンド)の屋台船。エキメッキ(パン)に焼いたサバと薄切りの玉ネギなどを挟んだバゲットサンドで、お好みでレモンや塩をかけて食べます。対岸のカラキョイの屋台ではパンのかわりにラヴァシュで巻いたドゥルム(ラップサンド)が人気で、各屋台が自慢のソースで味を競っています。

Dülüm
ドゥルム
—

ケバブやチキンに特製ソースをかけ、レタスやトマトと一緒に中近東特有の薄いパンのラヴァシュ(Lavaş)で巻いたラップサンド。炭水化物が少なめで野菜が入っているので、ヘルシー志向の人たちに人気です。専門店があるほか、おしゃれなカフェのメニューでもよく見かけます。

つまみ食い気分が楽しい

Midye Dolma
ミディエ・ドルマ
—

ムール貝の殻に味をつけた米と貝を詰めて蒸したピラフ。1個単位で買えるので、その場でちょっとレモンを搾って貝から直接食べる立ち食いスタイルも◯K。かつては冬の名物で、最近は通年で見かけますが、衛生面を考えると、専門店やシーフードレストランの店先のものが安心です。

Photo: Naho Baba

焼きたてアツアツがおいしい！

Pide
ピデ

トルコのピザ。ひき肉やサラミ、卵やホウレン草などの具を選んでオーダーします。なんといっても石窯で焼いたアツアツがおいしいので、ぜひ専門店のピデジ（Pideci）でどうぞ。トルコは小麦の名産地。パリっと焼けた生地のおいしさに驚くかもしれません。いろんな味を試せるカルシュック（ミックス）がおすすめ。

Gözleme
ギョズレメ

昔ながらの軽食の定番。大きな鉄板の上で小麦粉の生地を薄く焼き、味付けしたジャガイモやホウレン草などの具やチーズをくるんだクレープのようなスナック。空港や高速バスの休憩所、青空市場などでも人気のおやつです。

はずせないデザート

Dondurma
ドンドルマ

トルコ名物、のびるアイスクリーム。民族衣装を着てトルコ帽をかぶった男性が観光客をからかいながらアイスクリームを渡すパフォーマンスがお約束。もちろん普通のアイスクリームも売っていて、最近はさっぱりとしたジェラート系も人気です。

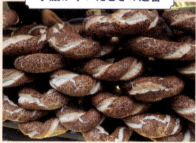

小腹がすいたときの定番

Simit
スィミット

朝食の定番、ごまつきパン。かなりのボリュームなので、ホテルの朝食に出る小さく切られたものをまずは試してみて。クリームチーズをつけて食べるのが定番。

トルコの伝統菓子を味わう

トルコ人は甘いものが大好き。せっかくトルコに来たなら、本場の伝統菓子を食べなくちゃ！ おみやげにできる日持ちするお菓子、レストランでしか食べられないお菓子やイスラム暦の特別なお菓子もご紹介。

不動のいちばん人気　バクラヴァ

Baklava
バクラヴァ

何層にも重なったサクサクのパイ生地とナッツなどのフィリングに、甘いシロップをたっぷりかけたぜいたくな一品です。できたてのサクサクがいちばんおいしいので、毎日つくりたてが店頭に並ぶ老舗の人気店はいつも混雑しています。おみやげを買ったら、併設のカフェにも立ち寄って、できたてのバクラヴァにカイマック（クロテッドクリームのような濃厚なクリーム）やドンドルマ（トルコののびるアイスクリーム）を添えてどうぞ。

1. バクラヴァは常温で3週間程度もつので、おみやげにも◎。
2. 最近流行のストゥル・スウク・バクラヴァは、牛乳でひたひたの冷たいバクラヴァ。

おみやげの定番　ロクム

Lokum
ロクム

観光客のおみやげとして、また地元の人たちのちょっとした手みやげとして人気なのがロクム。ロクムはバラ水やナッツ類を練りこんだ、かための求肥のような食感の砂糖菓子で、日持ちします。スーパーや空港でもさまざまなメーカーの箱入りが売られていますが、おいしいのはやはり老舗専門店のロクム。手軽なおみやげ用パッケージ入りもありますが、ガラスケースに並んでいるものを量り売りで購入することもできます。ナッツを増量したものや、ザクロ果汁とバラ水のロクムなど、スペシャル品や季節限定品もあるのでチェックしてみてください。

1. ガラスケースに並ぶ多種類のロクムから好きなものを選んで詰めてもらえる。
2. ザクロの酸っぱさとバラの香り、ピスタチオの歯ごたえがアクセントのロクム。

はじめてなのになつかしい、ふだんのお菓子

　バクラヴァとロクム以外にも、トルコで食べてほしいさまざまな伝統菓子があります。極細麺のようなカダイフ（Kadayıf）とチーズを使ったキュネフェ（Künefe）や、日本ではなかなか味わえないピスタチオのフィリングとパリパリの皮がおいしいカトメル（Katmer）は、オーブンのあるケバブ屋でしか食べられません。

　牛乳と米粉を使った冷たいお菓子もいろいろあります。表面に焼きめをつけたライス・プディングのストラッチ（Sütlaç）や、モチモチの食感が不思議なミルク味のカザンディビ（Kazandibi）などはトルコ伝統菓子専門店で購入できます。1個でも買え、持ち帰りしやすいのでホテルの部屋でどうぞ。

1.キュネフェはチーズの甘塩と蜜のバランス、上のカダイフのパリパリ感を楽しんで。2.とろとろのプリンのようなやさしい味がほっとするストラッチ。3.オスマン宮廷でも食べられたカザンディビは、焦げたカラメルが味のアクセント。

イスラム暦のお菓子など

アシュレは、方舟に残っていた果物や木の実を全部使ったといういい伝えから、いろいろなドライフルーツやナッツ類を入れてつくる。

　イスラム暦の特定の時期に食べる伝統菓子も、いろいろあります。ラマザン中の特別なデザートであるギュルラッチ（Güllaç）は、薄いライスペーパーを何層にも重ねて、バラの香りのミルクシロップをかけたもの。イスラム暦1月10日のノアの方舟の逸話に出てくるアシュレ（Aşure）は、ナッツや果物がぎっしり入っています。トルコの家庭では手づくりして近所に配るのが習わしですが、観光客の多いエリアでは通年でおいている菓子店もあるので、見かけたらぜひ食べてみてください。

イスタンブールのカフェ事情

　イスタンブールの街角には、カフェがたくさんあります。おすすめのカフェはそれぞれのエリア案内ページをご覧いただき、ここではカフェの飲みものや食べものについてご紹介しましょう。トルコではアルコールを飲まない人が多いため、ソフトドリンクしかないカフェがほとんどです。チャイとトルコ・コーヒー（p132）はどこのカフェにもあって、それ以外は右ページのようなメニューが一般的。ケーキなどの甘いものをおいていないカフェもあるので、それらを食べたいときは最初からトルコ伝統菓子（p128）の専門店や、ケーキや焼菓子専門店のパスターネ（Pastane）に併設されたカフェに行くのがおすすめです。

　飲みものにも流行があり、最近は豆にこだわった本格的なフィルター・コーヒーや、きれいな色のハーブティーが人気です。こうした流行を追うカフェが次々にオープンする一方、チャイとトルコ・コーヒーだけをおく昔ながらの「喫茶店」や、家族が散歩がてら連れ立って行くチャイ・バフチェ（公園の野外カフェ）も根強い人気です。

　昔も今も、誰かとお茶を飲みながらおしゃべりを楽しむ時間を大切にする文化が、トルコには根づいているのです。

おしゃべりが大好きなトルコ人にとってカフェは交流の場。

カフェメニュー

Çay チャイ
紅茶

Elma Çayı エルマ・チャユ
アップルティー

Türk Kahvesi トゥルク・カフヴェシィ
トルコ・コーヒー

Bitki Çayı ビトゥキ・チャユ
ハーブティー

Ayran アイラン
塩味のヨーグルトドリンク

Portakal Suyu ポルタカル・スユ
オレンジジュース

Limonata リモナータ
レモネード
※ミント入りはNaneli Limonata
（ナーネリ・リモナータ）

Soda ソーダ
ソーダ（砂糖の入っていない）炭酸水

Su ス
水

Pasta パスタ
クリームを使ったケーキ

Kek ケキ
パウンドケーキやマドレーヌなどの焼き菓子

Kurabiye クラビエ
クッキー

トルコのハーブティー

トルコで昔から親しまれているハーブティー。カフェでは写真映えを意識したおしゃれなセッティングが流行です。家では効能重視でティーバッグを数種類ストックし、その日の体調にあわせて飲みます。風邪よけの効果が期待できるウフラムール（Ihramur）、抗不安の作用があるとされるアダ（Ada）などはホテルにもおいてあることが多いので、試して気に入ったらおみやげにどうぞ。

美しい赤のローズとザクロのブレンド・ハーブティー（左）、イスタンブールではめずらしい食用花を飾ったラベンダーの冷たいハーブティー（右）。

チャイとカフヴェ

Çay

トルコ人にとって、チャイは欠かせない生活の一部です。仕事中も、休憩のときにも、誰かと一緒のときも、いつでもチューリップをかたどった小さなガラスのグラスでチャイ（紅茶）を飲んでいます。なじみの店をはじめ、銀行や歯科医院の待合室でさえも「チャイ飲む？」と聞かれます。

トルコのチャイはチャイダンルックという二段式のやかんで、上の段で濃い紅茶をつくり、下の段で沸かしたお湯で紅茶を薄めて飲む独特の淹れ方で、一度にたくさんつくってそのまま長く保温できるのです。添えられた角砂糖はお好みで。昔は大量に砂糖を入れたものですが、最近はヘルシー嗜好からか、ノンシュガーで飲む人が増えました。

Türk Kahvesi

カフヴェはトルコ語でコーヒーのこと。トルコならではの独特な淹れ方のコーヒーを、トルコでもトゥルク・カフヴェシィ「トルコのコーヒー」と呼びます。ジェズベ（コーヒー沸かし器）にコーヒーの粉、砂糖、水を入れてかき混ぜながらつくるので、注文の際に「ナスル オルスン？（砂糖はどうしますか？）」と砂糖の分量を聞かれます。サーデ（砂糖なし）、アズ・シェケルリ（砂糖少なめ）、オルタ（砂糖普通）、シェケルリ（砂糖多め）と、お好みでオーダーを。ミルクやクリームは使いません。

うまく淹れられたトゥルク・カフヴェシィは、表面が細かい泡で覆われ、どこかクリーミーな舌触り。デミタス・カップの底にはコーヒー粉が沈んでいるので、飲み切らずに舌に粉を感じたらそこまで。たいてい水と一緒に供されるので、苦味が口に残ったら水をどうぞ。

伝統的な銅製ジェズベと熱砂でいれるカフヴェは格別。

トルコでは、買いものに行った店先で、「なにか飲みませんか？」としばしば声をかけられるでしょう。それは、あなたと取引きしたい、もう少し会話を楽しみたいというサイン。「いただきます」というのは、こちらも少しゆっくり見てなにか買ってもいいかなと思っていますというサイン。そういう暗黙のルールのようなものを知っておくと、値札のない買いものが少しだけスムーズになるかもしれません。

トルコで味わいたいビールとラク

トルコといえばエフェスビール!

トルコでいちばん有名なビール(Bira／ビラ)は、なんといってもエフェス(Efes)。日本のトルコ料理店でも見かけます。せっかくトルコで飲むなら、同じエフェスでもさわやかなオゼル・セリ(Ozel Seri／特別シリーズ)やコクのあるフィルターシズ(Filtersiz／未濾過)など日本未発売のシリーズや、同じメーカーのクラフトビールのボモンティ(Bomonti)をぜひ味わってください。

おいているレストランは少ないのですが、酒屋やスーパーでフレデリック(Frederik)というクラフトビールを見かけたらお試しを。最近、トルコのグルメたちの間でかくれた人気のビールです。

1. 店では缶と瓶の2タイプが売られている。レストランでは小瓶のビールが出てくることが多く、生ビールはほとんどない。2. おしゃれなレストランなどで見かけるフレデリックは、ヨーロッパのエールを思わせる香り高さが人気。

トルコの甘い蒸留酒、ラク

トルコの地酒といえば、ラク(Rakı)が有名です。ブドウを原料とし、アニスで香りづけをした蒸留酒で、アルコール度数が45~50度と非常に強いため、水で割って飲みます。その強さと水で割ったときに白くにごることから、「ライオンのミルク」という別名も。甘くて口当たりがいいので、飲みすぎにはご注意を。メゼや食事と一緒に味わうのがトルコ流で、通をきどるなら白チーズとメロンをつまみにどうぞ。隣のテーブルのおじさんから、「わかってるねぇ、おねえさん」と声がかかるかも。

イェニ・ラクとテキルダーがラクの2大ブランド。ハーフサイズの小瓶もある。

※法令によりライセンスのある飲食店以外での夜10時以降の酒類販売は禁止されている。部屋飲み予定の場合には早めに買って部屋の冷蔵庫へ!

ワインの新たな魅力を知る──
トルコワイン

　古代からワイン（Şarap／シャラップ）の生産が行われてきたトルコ。さまざまな土着品種があり、豊かなワイン産地で知られています。国民の大半がイスラム教徒であるものの、政教分離の原則によりアルコールを自由に飲むことができます。ここ10年ほどの間に、とくに富裕層の間でワインが流行し、ワインに対する知識が深まるとともにブティックワイナリーも増えてきました。現在では品質の高いワインが生産され、そのなかには国際的に評価される実力派も存在します。そんなトルコワインの産地やブドウ品種などについてご紹介します。

マルマラ海沿岸部テキルダーのワイナリーのブドウ畑（上）と、畑で収穫されたブドウを熟成させるワイン樽（下）。

ワインの生産地

　マルマラ海やエーゲ海沿岸、カッパドキア周辺、そしてトルコ南東部がワインの生産地として有名で、大手メーカーから家族経営のブティックワイナリーまで350以上あります。なかでも南東部にはその希少価値からワイン愛好家垂涎の的のアッシリアワインの生産地があり、古代から受け継がれた伝統的な製法が守られています。

おすすめワイン

　ブティックワイナリーのワインを重点的に販売しているサンテ・ワイン＆モアのオーナーで、ワインとグルメのインフルエンサーのドーゥハンさんにおすすめを聞いてみました。
　スーパーでも手に入るカイラ・ヴィンテージ（Kayra Vintage）はトルコの東アナトリア地方を拠点とするワイナリーブランドで、豊かな伝統と現代の技術を融合させた高品質なワインを生産しています。カイラはとくにシングルヴィンヤード（※）シリーズで知られていて、オクズギョズやボアズケレなどの土着品種を使用したワインが人気。お手頃価格のものでは、ディレン（Diren）ブランドがおすすめです。ブティック系ならヘラーキ・アクアレーラ（Heraki Akuarela）。デニズリ地方のブティックワイナリーで伝統的な品種を現代的な手法で生産していて、独自のスタイルと高い品質が特徴的。国際的にも高い評価を受けています。

Türk şarabı

代表的なブドウ品種

トルコワインには、土着品種のブドウを使ったものと、カベルネ・ソーヴィニヨンやシャルドネなどの国際品種をトルコで栽培したものがあります。主な土着品種はこちら。

赤ワイン (kırmız／クルムズ) 用

ボアズケレ	Boğazkere	深い色合いと豊かなタンニンを持ち、スパイシーな風味とフルボディが特徴
オクズギョズ	Öküzgözü	大きな果実と高い酸度を持ち、バランスの取れた風味が魅力
カレジック・カラス	Kalecik Karası	中央アナトリア地方の品種で、薄い皮と低いタンニンが特徴的。一度は絶滅寸前だったものの、アンカラ大学が遺伝子解析とクローン技術を駆使して復元し、生産者と協力して再び高品質なワインを生産している

白ワイン (Beyaz／ベヤズ) 用

ミスケット	Misket	アロマティックな品種
エミル	Emir	中央アナトリアに自生し、フレッシュでフルーティーな風味
ナリンジェ	Narince	バランスの取れた酸味と豊かなアロマを持つ品種
ハサンデデ	Hasandede	中央アナトリア地方の特有の品種で、高い酸味とミネラル感がある

Santé Wine & More
サンテ・ワイン＆モア

— *Info* —

Akat Haydar Aliyev Cad. No.:2C Beşiktaş ／ 0541-375-6449 ／ 11:30〜19:30、日曜休 ／ Instagram @santewineandmore

| Map | p6 A-1 |

1.ワイン選びの相談にこころよくのってくれるドゥハンさん (英語OK)。 2.野菜中心の前菜 (メゼ) にあわせるなら、さっぱりした白ワインがおすすめ。 3.ブティックワインも500〜1000TL前後でおいしいものがある。

※単一区画からとれたブドウのみを使用し、醸造されたワイン

トルコの家庭料理
~おうちごはんとおもてなし料理~

　トルコの家庭でつくられる毎日のごはんは、季節の新鮮な食材をたっぷり使った、シンプルで素朴な料理が中心です。一方、お客様を招いた日のディナーには、ふだんは使わないような高級食材を奮発し、時間をかけて豪華な特別料理を用意します。テーブルセッティングにも力を入れて花を飾り、大切な来客をおもてなしします。

野菜たっぷりのふだんのごはん

　日常の家庭料理は、少しの肉と旬の野菜やハーブ、オリーブオイルをたっぷりと使った料理が中心です。日本のようにお惣菜などは売っていないので、スーパーも利用しますがパザール（青空市場）でより新鮮な野菜や果物を買い込んで手づくりします。定番メニューは赤レンズ豆のスープ「メルジメッキ・チョルバス」やモロッコインゲンの煮込み「ターゼ・ファスリエ」、白インゲン豆の煮込み「クル・ファスリエ」など。主食はパンで、煮込み料理などにはオリーブオイルで米を炒めて味付けして炊いた、ピラフ

に似たピラウ（Pirav）を添えることも。つくりおきのきく詰めものの「ドルマ」や、旬の野菜のオリーブオイル煮なども食卓に並びます。ヨーグルトも欠かせない食材で、煮込み料理などの上にかけて食べます。

おもてなしはフルコースで

ふだんはシンプルメニューでも、来客時はごちそうがテーブルに並びます。スープ、メゼ（前菜）、メイン、米料理、最後にデザートのフルコース。なかでもメゼはおもてなしに欠かせない存在で、つくり手の腕の見せどころ。ジャジュク（キュウリとミントの入った塩味のヨーグルト）、フムス、ナスのサラダや塩味のペストリーなどを何品もつくりおきして、当日は客用食器に美しく盛り付けてテーブルを華やかに彩ります。メイン料理はステーキやラムチョップのような肉料理、手の込んだ煮込み料理など。招待を受けたら招待し返すのがマナーなので、とくに断食期間中の夕食は、招待したりされたり、毎日豪華な食事が続きます。

1. インフレで食費が高騰しても、手間をかけて皿数は減らさない、愛情たっぷりのおうちごはん。 2. 日本同様、冷蔵庫にあるものでつくった名前のない料理が食卓にのぼることも。 3. いつもの食事はこのぐらいシンプル。ピラウと豆料理を混ぜて食べることも。パンも一緒に食べる。 4. おもてなしのごちそう朝ごはんは、オリーブやチーズ、果物の種類をふだんより多めに。 5. 料理にもテーブルセッティングにも気合が入るおもてなし料理。

トルコの食材
~トルコ料理のおいしいヒミツ~

トルコ料理は、新鮮な肉や野菜といったメインとなる素材のおいしさを、さまざまな調味料や食材で引き出しています。そのなかからどのキッチンにもある6つの食材をご紹介します。

ヨーグルト

Yoğurt
ヨーウルト

ヨーグルトは古くから食べられていて、料理にも欠かせない食材。前菜からはじまり、飲みもの、デザートまで幅広く使います。濃厚でクリーミーな酸味がおいしい。家庭でも頻繁に手づくりします。スーパーではバケツサイズも販売されていて、大家族なら1週間で食べ切るくらいたくさん消費します。

Salça
サルチャ

トルコ料理に欠かせないトマトペースト。熟したトマトを煮詰めてつくられ、濃厚な風味とあざやかな赤色が特徴です。料理のベースとして使用され、スープや煮込み料理に深いコクを与えます。料理の色づけのためや、オイルやニンニクと混ぜてパンに塗るペーストにすることも。

トマトペースト

オリーブ油、ひまわり油

Zeytnyağı, Ayçiçekyağı
ゼイティンヤー　アイチチェッキヤー

トルコ料理によく使われるオイルがこのふたつ。オリーブオイルはとくにエーゲ海沿岸地方で生産され、サラダやマリネ、炒めものに使います。比較的安価で軽い風味のひまわり油はトルコ全土で使われていて、揚げものや炒めものに最適。

スパイス

Bahalatlar
バハラットラル

トルコ料理にはさまざまなスパイスを使用します。肉料理の風味をよくしたい場合はクミンとパプリカパウダーを、味をひきしめてくれる黒こしょうと粗挽き赤唐辛子はサルチャと一緒に、野菜と肉の煮込み料理などによく使われます。

Otlar
オトラル

代表的なハーブは、イタリアンパセリ、ディル、ミント、オレガノ、ローズマリー。イタリアンパセリはサラダから肉料理、煮込み料理など広く使われます。ディルは安価で手に入り、サラダや魚料理、スープなどに加えます。とくにディルやミントは多用され、フレッシュなものをサラダに入れたり、乾燥させたものを味のアクセントや彩りにスープに使用します。

ハーブ

Peynir
ペイニル

チーズ

軽い酸味のあるやわらかいベヤズ・ペイニール (Beyaz Peynir) と、コクがあり生で食べても溶かしても美味なカシャール・ペイニール (kaşar Peni) は、冷蔵庫のマストアイテム。朝食に食べたり料理に使ったりします。そのほかにも焼いて食べるヘリム・チーズ (Hellim Peynir)や、ヤギの乳でつくるチーズなど、めずらしいチーズがいろいろあります。

庶民の食卓をささえる青空市場

　街中にスーパーマーケットがあるイスタンブールでも、新鮮な野菜や果物を買うならパザールへ、というのが主婦の常識。パザールとは、広場や駐車場、場所によっては住宅街の道を一区画閉鎖して、決められた曜日に開催される青空市場のことです。野菜や果物はもちろん、オリーブやチーズなどの保存食、パン、衣料品や日用雑貨もあって、生活必需品はほとんどここで手に入れることができます。

　近所から主婦たちが大きな袋やキャスター持参でやってきて、1週間分の食糧を買い込んでいきます。手間賃を払えばカゴを背負った背負子のおじさんが家まで届けてくれるサービスもあるぐらいで、キロ単位で驚くほど大量の食料を調達します。パザールで売られている野菜や果物は、とにかく新鮮でおいしい！　旬のものだけが出まわり、味見もさせてくれるので、「まだ早いかな」「来週買うわ」なんてなじみの店のおじさんたちとのやり取りを楽しみながら、あれこれ買いものカゴへ。農薬や鮮度保持

産地やオーガニックを札に書いてアピール。チャナッカレはトマトの名産地。

パザールには、衣料品や日用品、布地や毛糸などの手芸材料を売る店も出店する。

剤などを使っていないのか、パザールの野菜はスーパーで購入したものにくらべると早く傷むし、葉物の間からいろいろな虫が出てきます。ホウレン草も、よく洗わないと泥だらけ。キュウリやナス、ニンジンなどは形も大きさも不ぞろいで、巨大なキャベツやカボチャに驚いたこともあります。でもなにを食べてもおいしくて、野菜の味ってこんなに濃いんだ、としみじみ感じられます。安全な、自然のままの大地の恵みを食べることの大切さとよろこびを、東京育ちの私はトルコの大地に教えてもらいました。

　パザールは庶民の生活の中心。住宅街に多いため、観光客には少し行きにくい場所ばかりだと思います。滞在中に近所でパザールが開催されないかどうか、ホテルで聞いてみるといいかもしれません。大きな買いもの袋をさげたおばさんたちをたくさん見かけたら、その先でパザールをやっているかも……。

1,2.パザールでは、野菜と果物はそれぞれ別の店で販売する。果物屋台には、サクランボやメロン、ブドウ、イチジクなど旬の果物が並ぶ。3.葉物は、葉物の屋台で。ハーブ類やカブなどの根菜もこちらの屋台に。4.トルコの漬物トゥルシュの屋台には、唐辛子やキュウリ、ニンジンなどの漬物がずらりと並ぶ。

日本でつくれる トルコ料理レシピ

トルコ料理研究家として、トルコや日本でトルコ料理教室を開催している大濱裕美さんに、日本でも手に入りやすい材料でつくれるトルコ料理のレシピを3つ教えてもらいました。

Havuçlu Mücver
ハヴチュル・ムジヴェル

ニンジンとズッキーニのミニパンケーキ

トルコの伝統的なズッキーニのパンケーキで、彩りよくニンジンも入れて揚げ焼きにしています。ディルやパセリを入れると本格的な味わいに。

材料（約10個分）
- ズッキーニ…1本
- ニンジン…1/2本
- **A**
  - 卵…1個
  - 小ネギまたは青ネギ…約4本（小口切り）
  - あればイタリアンパセリまたは普通のパセリ…約2本（みじん切り）
  - あればディル…約13本（みじん切り）
- 小麦粉※…1/2カップ
- とろけるチーズ…30g
- 塩…小さじ1
- 油…適量
- ニンニクヨーグルトソース（好みで）
  - ギリシャヨーグルト…1カップ
  - 塩…適量
  - ニンニク…1/2片（すりおろす）

※トルコでは中力粉を使用するが、薄力粉で代用可

つくり方

1. ズッキーニとニンジンをグレーターで粗めにすりおろすか千切りにしてボウルに入れ、塩を加えてよくもむ。ザルにあげ、水分をよく絞る。
2. ボウルに**1**と**A**を入れ混ぜ合わせ、小麦粉を入れてさらに混ぜる。
3. フライパンに油を多めに入れ170度に熱し、2本のスプーンを使いながら成形して、フライパンに入れ揚げ焼きにする。まわりがカリッとなるくらいまで焼く。
4. 好みでニンニクヨーグルトソースをつくる。ソースの材料をホイッパーなどでよく混ぜる。塩味を調整する。
5. 皿に**3**を盛りつけ、**4**を添える。

Musakka
ムサッカ

ムサッカ

ギリシャ料理で有名なムサカ、トルコではムサッカと呼ばれます。ベシャメルソースは使わず、ひき肉入りトマトソースとナスを重ねて煮込む伝統的な一品。

材料 (2~3人分)
ナス…3本 (縞模様に皮をむき1.5cmの輪切り)
オリーブオイル…大さじ1 1/2＋大さじ1
牛ひき肉またはラムひき肉
　　　(なるべく脂の多いもの)…120g
玉ネギ…1/2個 (みじん切り)
ニンニク…1片 (みじん切り)
ピーマン…1/2個 (角切り)
サルチャまたはトマトペースト…大さじ1
トマト…中1個 (皮をむき角切り)
塩…小さじ1/4＋小さじ1/2
水…200cc＋150cc

つくり方
1. 切ったナスとオリーブオイル大さじ1 1/2をボウルに入れ、よく混ぜる。
2. フライパンに**1**を入れ、強火で焼き焦げ目がついたら取り出しておく。
3. フライパンにオリーブオイル大さじ1を入れ強火でひき肉と塩小さじ1/4を入れ、軽く焦げ目がつくまで炒める。
4. 玉ネギを追加し、弱火にして炒める。玉ネギが透き通ったらニンニクも加え、さらに炒める。
5. ピーマンも追加し、ピーマンがしんなりして色が濃くなるまで炒めたらサルチャを入れ、香りが出るまで炒める。
6. トマトを入れて炒め、全体の水分がとぶまで炒める。水200ccを加え、肉がやわらかくなり再び水分がとぶまで煮込む。
7. 煮込み用の浅い鍋に、ナスと**6**を交互に重ねて並べる。
8. フライパンに水150ccと塩小さじ1/2を入れ火にかけ、沸騰したら**7**に注ぎ込む。
9. 鍋を火にかけ沸騰したら弱火にし、20~25分煮込む。ナスが透き通り、煮崩れる前に火を止める。最低30分ほど休ませ食べる直前にあたためる。

Humus
フムス

フムス

ひよこ豆をペースト状にして、ごまの風味をくわえたディップ。オスマン帝国の時代に中東各地の料理がトルコにも伝わったと考えられています。

材料 (2～3人分)

乾燥ひよこ豆…1/2カップ

A
- 練りごまペースト(ターヒン)…15cc(好みで増やしてOK)
- ニンニク…1/2片
- レモン汁…大さじ1/2～1※
- クミン…小さじ1/8～1/4※
- 塩…小さじ1/2
- オリーブオイル…大さじ1～1 1/2

重曹…小さじ1/4
オリーブオイル、パプリカパウダー…各適量

※好みで加減を

つくり方

1. 一晩水につけたひよこ豆の水をきり、重曹と一緒に鍋に入れ、乾煎りする。
2. 1に水をたっぷり加え強火にかけ、沸騰したら強めの弱火にして約30分茹でる(豆の状態によって加減する)。灰汁はすくい取る。
3. やわらかくなったら飾り用にひよこ豆を少量取り、残りは指でつぶせるくらいになるまで煮る。茹で汁は捨てない。
4. ひよこ豆とAをあわせてハンドブレンダーで混ぜる。3のゆで汁15～30ccを少しずつ加え、なめらかになるまで様子を見ながら混ぜる。
5. 味をみてAの調味料を適宜入れて調整する。
6. 皿に盛って中央にくぼみをつくり、オイルを垂らして茹でたひよこ豆を飾る。パプリカパウダーを振る。

大濱裕美 (おおはまひろみ)

料理レッスンの申込と問い合わせは eruto5@hotmail.com へ

— Profile —

1995年からトルコ在住29年。元々好きだった料理を極めるべくトルコ最大の料理学校MSAでプロフェッショナルシェフコースを卒業。以降、ヨーロッパや日本の料理専門学校で学んだほか、ワインの国際資格も取得。料理コンテストプロ部門での入賞歴もある。現在はトルコと日本を行き来しながら、個人やグループ向けの料理教室を不定期で開催中。

ameblo.jp/hiromim40/
Instagram @ hiromistanbulkitchen

Türkiye'de yapılacak şeyler ve gezme

体験したいこと&足のばして

ナルギレを味わう

　煙くて甘いエキゾチックで独特な香りが異国情緒を誘う水タバコ。フレーバーのついた煙草の煙を水のフィルターを通して吸う、中近東特有のタバコの楽しみ方です。日本ではアラビア語のシーシャとして知られていますが、トルコ語ではナルギレ。このナルギレを楽しめるのがナルギレカフェです。そもそも若い女性を含め喫煙率の高いトルコですが、若者グループ、カップル、仕事帰りのおじさんたちなど、さまざまな人たちがチャイを何杯もおかわりしながら、おしゃべりしたり、ぼうっとくつろいだり。お酒をよしとしないイスラム文化の大切なリラックスアイテムであり、社交の場でもあります。

好みのフレーバーを選んで

　ナルギレカフェで席に案内されたら、まずは好みのフレーバーのナルギレと飲みものをオーダーします。フレーバーはアップル、オレンジ、ミント、さらにチョコレートやコーヒーなどちょっとかわったものまで多数あるので、メニューに書いてあるなかからお好みをどうぞ。はじめての人におすすめなのは、アップル。甘い香りにアニスの香りのアクセントがエキゾチックです。ウエーターがすぐ吸えるようにセットして渡してくれるので、おまかせしましょう。2、3人で行くのなら、ヘビースモーカーでもないかぎり、ナルギレはひとつで十分。人数分のつけかえ用の吸口をくれるので、順番にまわして楽しみます。

　飲みもののおかわりがほしい場合には、トレイにチャイをたくさんのせたウエーターが店内をまわっているので、声をかけて。チャイ以外は、メニューからオーダーを。

　水タバコは水のフィルターでニコチンやタールが軽減されるとはいわれますが、どんなタバコも身体によくないのは周知の事実。ちょっと試してみるぐらい、旅の思い出程度に楽しんでください。

1. ナルギレを吸いながら新聞を読んだり考えごとをしたり、みんな思い思いの時間を過ごす。 2. ナルギレ1台300～400TL。チャイやカフヴェは別料金で、最後にまとめて払うシステム。 3. フレーバーが混じらないよう、容器を使いわけるので店頭には水パイプがずらりと並ぶ。

Nargile

147

♦
Çorlulu Ali Paşa Medresesi
チョルル・アリ・パシャ・メドレセスィ

イスタンブールでいちばん有名な老舗のナルギレカフェ。観光客もトルコ人の若者グループも来ますが、旧市街で働くおじさんたちの憩いの場所でもあります。

— *Info* —

Mollafenari Mah. Yeniçeriler Cad. No.:36 Fatih / 0212-519-2341 / 8:00〜翌2:00、無休 / トラムヴァイBeyazıt駅から徒歩3分

| Map | p8 B-2 |

あこがれのハマムへ — Hamam

白い大理石のあたたかな浴場、ゆったりと飲みものをすすったり果物をつまんだりしながら、のんびりと過ごす午後……。オスマン宮廷のドラマや漫画で見たあのエキゾチックなシーンを、トルコに来たからにはぜひ体験してみましょう。

ハマムはもともと、ギリシャ・ローマ時代の浴場に端を発したもので、湯船につかるタイプではなく、あたためた大理石の上に寝ころがって汗を出してから、垢すりや石鹸で身体の汚れを落とすサウナタイプの浴場です。その風習は、清潔を旨とするイスラム教のオスマン朝時代にそのまま引き継がれ、あまり外出をしない女性たちの社交場でありくつろぎの場となりました。また、適齢期の息子のいる母たちにとって、お嫁さん候補の物色をする格好の場だったとか。浴室設備が一般家庭に普及するようになってからはその数が激減。イスタンブールの市街中心部にあるのは、主に観光客向けの施設がほとんどです。場所によっては男女入れ替え制だったり、ホテルだと男女混合だったりしますが、やはり女性だけの施設のあるところが安心してくつろげます。

なかでもおすすめは、ヒュッレム・スルタン・ハマム。スレイマン大帝が愛妃ヒュッレムのために16世紀に名建築家ミマール・シナンに命じてつくらせたハマムを巨額の費用をかけて改装しました。イスタンブールでも一二をあらそう高級ハマムです。トルコのハマムは、垢すりやマッサージの技術では日本のサービスに敵わずがっかりすることが多いというのが私の正直な感想ですが、トプカプ宮殿やドルマバフチェ宮殿観光で見たあの大理石ハマムを実体験できるここは特別。ほかのハマムでは味わえない豪華さと、旅の疲れを癒すリラックスタイムを堪能してください。

1. 白大理石の浴場の中央にある大きな台に寝そべり、体をあたためたり垢すりやマッサージをしてもらう。2. オスマン帝国当時を彷彿とさせる内装の吹き抜けのロビーが、くつろぎスペースを兼ねている。3. 施術の後のコーヒーまで含め、垢すり+泡マッサージ€95のベーシックなコースが私のおすすめ。4. 男性用入口側にカフェテラスがあるので、カップルならここで待ち合わせが便利。

ヒュッレム・スルタン・ハマムで

ハマム体験！

1. 予約、そして当日。人気のハマムは、ネットかホテルを通じて事前予約が必要。入口から男女で施設が分かれていて、女性用の入口はスルタンアフメット・ジャーミィ側。

2. 受付けを済ませたら更衣室へ。電子ロックのかかるロッカーがあるので、荷物があっても大丈夫。ただし、念のために持ち込む貴重品は最小限に。

3. 更衣室で着がえをし、受付け時に渡されるペシテマル（薄手のハマム用タオル）を身体に巻き、備えつけのスリッパを履いてロビーへ。ペシテマルの下は、裸かパンツのみ着用。ハマムに案内されたら、お湯で汗を流し身体をあたためリラックスしながら順番を待って。

4. しばらくすると、担当者がまるでお姫様に仕える侍女のように、やさしく手を取ってあなたを案内してくれる。ここはひとつ、姫になりきって！

5. ハマム中央の大理石台に寝そべって、ふわっふわの泡に包まれ洗ってもらいながら、軽く全身マッサージ。ああ極楽〜。

6. 場所を移動して、髪を洗ってもらう。お湯で全身を流してもらい、バスタオルを巻いてもらったら終了。ロビーへと案内してくれる。

7. ロビーのくつろぎスペースで、シャーベットの起源であるセルベットというオスマン時代の甘い飲みものや、コーヒーなどをいただきながら、身体の火照りを冷ましつつゆったりと休憩を。声をかければお水ももらえる。水分補給を忘れずに。

8. 十分休んだら、更衣室へ戻って着がえを。ドライヤーはあるけれど、ブラシや化粧品は持参を。

♦
Hürrem Sultan Hamamı
ヒュッレム・スルタン・ハマム

— Info —
Babı Hümayun Cad. No.:2 Sultanahmet ／ 0212-517-3535 ／ www.hurremsultanhamami.com ／ 8:00〜22:00、無休 ／ トラムヴァイSultanahmet駅から徒歩5分

Map ｜ p9 C-3

ハマム利用時の注意点

・ロッカー設備は施設によって異なる。貴重品は最小限にとどめ、管理に気をつけて。

・垢すり布でゴシゴシされるので、肌の弱い人は注意を。「No」や「Soft please」で十分通じる。

・コンディショナーやブラシなどのアメニティは、施設によってあったりなかったり。最低限は持参したほうが安心。

・百均の使い捨て下着の持参がおすすめ。

ベリーダンスと民族舞踊を楽しむ

Türk Oyunları

　イスタンブールの夜には、いろいろな楽しみ方があります。イスラム圏ではありますが、ほとんどのレストランでお酒を飲むことができ、音楽やダンスを楽しめるさまざまなナイトスポットもあります。日本の居酒屋的なメイハーネや、トルコの若者にまざってクラブ遊びも楽しいですが、せっかくトルコに来たなら、トルコならではの楽しみ方がおすすめ。中近東が発祥の地といわれる踊り、ベリーダンスやトルコ民族舞踊を見に行きませんか？

　ベリーダンスは所説ありますがオスマン宮廷のハーレム発祥といわれ、宮廷内で踊られた、つまり皇帝を魅了するためのダンスで、ベリー（お腹）の女性的な動きが魅力。きらびやかな衣装のダンサーが、ときにゆったりと、ときにリズミカルな動きを繰り広げ、観客の目を釘付けにします。男女混合で踊られるトルコ各地の民族舞踊も、地域によって衣装や音楽、踊りのスタイルがさまざまで見ごたえがあります。

1.ベリーダンサーが客席をまわり盛り上げ、楽しませてくれたら心づけにチップを。2.クルーズ中には、ボスポラス海峡沿いのライトアップも楽しめる。

ボスポラス・ナイトディナークルーズで

　ボスポラス海峡の夜景と、ベリーダンスや民族舞踊を鑑賞しながらのディナーを一度に楽しめるのがナイトディナークルーズ。海峡を往復し停泊を含め上船時間は3〜4時間程度です。世界中から訪れる観光客に人気で、盛り上がってくると観光客も立ち上がり、一緒に輪になって踊ったり、ダンサーと記念写真を撮ったりとみんな大はしゃぎ。

　クルーズ船はいくつも運航していてほぼどこも同じ内容なので、夜中の下船後に安全確実に送迎してもらえるよう、滞在ホテルのフロントに手配してもらうのがおすすめです。

趣のある円形シアターで

　ディナークルーズのようにダンサーと観客が一緒に楽しむタイプのショーは、市内のディナーショーレストランでも見られますが、もう少し本格的なベリーダンスや民族舞踊が見たいなら、私のおすすめはホジャパシャ。古いハマムを改造した趣きのある円形ステージで、迫力のある照明と音響を駆使したショーが楽しめます。トルコ民族舞踊をモダンに、ダイナミックにアレンジした民族舞踊と、華やかなベリーダンスの群舞が交互に繰り広げられ、観客を飽きさせません。

　また、セマーという旋回舞踊のショーも開催されていて、いずれも1時間前後で料金も手頃。両方続けてみられる曜日もあります。当日券もありますが、よい席で観賞したいならネットやホテルからの事前予約をおすすめします。

Hocapaşa Kürtür Merkezi
ホジャパシャ・クルトゥール・メルケズィ

— Info —
Hocapaşa Mah. Ankara Cad.
Hocapaşa Hamamı Sok. No.:3
Fatih / www.hodjapasha.com /
0212-511-4626 / トラムヴァイ
Sirkeci駅から徒歩5分

| Map | p9 A-3 |

1. トルコには地方によってバラエティ豊かな民族舞踊があり、それをメドレー形式で観賞できる。2. チケットは1400TL。食事つきではないので、夕食を済ませてからシアターへ。3. 本来は祈りとして捧げられるセマーも、ショーではアーティスティックに。

トルコの民族舞踊を知りたい！

トルコ国内でも大きく違う各地方のダンスは、文化と歴史の結晶。ディナークルーズやショーレストランで見られる民族舞踊をいくつかご紹介。

トルコのゆるキャラ「アシュク・マシュク」が、コミカルな踊りで観客を笑わせる。

カシュック（アナトリア内陸）
カシュック（スプーン）の名のとおり、木のスプーンを背合わせに持ち、打ち鳴らしながらリズミカルに踊られるダンス。

ホロン（黒海地方）
ハイテンポな音楽にあわせて、手をつなぎ肩を揺さぶりながら、複雑なステップを踏むラインダンス。

カルシラマ（主にトラキア地方）
独特の9拍子の音楽に合わせ踊り手が向かいあって踊る軽快なダンス。結婚式で踊られたのが起源といわれる。

ゼイベキ（エーゲ海地方）
ゆったりとした重厚な音楽のなか、鷲を模して大きく腕を広げ、剛勇な雰囲気で踊られる戦士の踊り。

❖ イスタンブールから足をのばして

オスマン帝国発祥の地へ──

Bursa & Cumalıkızık

ブルサ&ジュマルクズック村

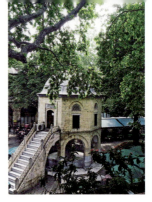

1. かつて貴重品を保存する蔵だったベデステン。現在は中庭カフェになっている。 2. 本場で食べるイスケンデル・ケバブは格別の味!

マルマラ海をはさんでイスタンブールの対岸にあるブルサは小さな街ですが、オスマン帝国発祥の地として世界遺産に登録されていて、トルコ人にも人気の高い観光地。緑豊かな街の中心部に、建物内にチェシメ（噴水）があるウル・ジャーミィ、青緑のタイルが美しいイェシル・ジャーミィやイェシル・トュルベなどのオスマン朝初期の名跡が集まっています。お腹が空いたら、ぜひブルサが発祥のイスケンデル・ケバブを。考案者イスケンデルさんの子どもたちがそれぞれ営むレストラン「ケバブジュ・イスケンデル (Kebapçı İskender)」が、「元祖」と「本家」的に中心部に2店あるので、ぜひどちらかへ。おみやげを買うなら、名産のシルク製品やレース類を扱う店が軒を連ねるショッピングアーケードのベデステンが便利です。

さらにブルサまで来たらぜひ訪ねてほしいのが、街から東へ10kmほどの場所にあるジュマルクズック村です。石畳の道に古いトルコ式家屋が並ぶノスタルジックな景観が広がっています。つくり手自らが店番をする手づくりジャムや手芸品が並ぶ店をのぞいたり、ノスタルジックなカフェでお茶をしたり……。ひと昔前のトルコにタイムスリップしたような時間を楽しんで。ちょっと早起きをすれば、イスタンブールからフェリーやバスで日帰りでも訪れることができます。

― Access ―
カドゥキョイまたはベシクタシュ埠頭などからブルサ行き高速船で約2時間。ブルサ埠頭から街の中心部へは、公共バスで約15分。ブルサからジュマルクズックへは、バスやドルムシュ（乗合タクシー）で約30分

| Map | p12 |

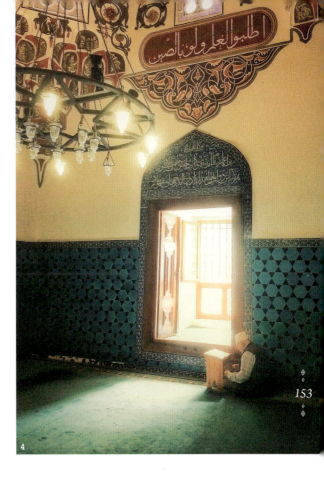

3.オスマン朝時代のスルタンの廟、青いタイルが美しいイェシル・トュルベ。 4.イェシル・ジャーミィの窓辺でコーランを読むおじいさん。モスクはお祈りの時間以外も出入り自由で、それぞれ静かにコーランを読んだり瞑想をしたり、思い思いの時間を過ごしている。

5.建物内の大きなチェシメが有名なウル・ジャーミィ。チェシメでは、祈りの前に身を清める。©Evren Kalinbacak | Dreamstime.com 6.ジュマルクズック村のメインストリート。石畳の坂道の両側にトルコ伝統建築のカフェやショップが並ぶ。

❖ イスタンブールから足をのばして

青いタイルの故郷を訪ねて
İznik
イズニック

　イスタンブールから車で2時間半、日帰りが可能なイズニックは、オスマン帝国最盛期のタイルや陶器の名産地として知られる街。リュステム・パシャ・ジャーミィやトプカプ宮殿などで使用されているタイルも、イズニックで製造されました。古代ローマ帝国時代には「ニカイア」という都市名で知られ、後にトルコ・セルジューク朝の首都にもなった歴史深い古都でもあります。

　小さな街の中心部にある見どころは、すべて徒歩でまわれます。ニカイア時代の城壁や、かつて公会議も開催された由緒ある教会だったアヤソフィア・ジャーミィ、15～16世紀のオリジナル陶器とその歴史を展示する博物館、緑の屋根が美しいモスクなど、さまざまな時代の旧跡が、イズニックが大きな街であったことを物語ります。手づくりの一点ものを販売する陶器アトリエやみやげもの店なども並んでいて、ショッピングも存分に楽しめるのもうれしいポイント。

　そして私がなによりこの街で魅力に感じるのが、飾り気ないトルコの田舎町の雰囲気を味わえること。すれ違うおばあちゃんがやさしく微笑みかけてくれたり、子どもたちがニコニコと話しかけてきたり……。猛スピードで発展中のイスタンブールが失いかけている豊かでのんびりした時間を楽しめる街、それがイズニックです。

― Access ―
イスタンブールから中距離バスで約2時間30分。またはタクシーで約2時間

| Map | p12 |

1. 街の中心部に立つ、代表的な絵柄のトルコタイルで飾られた時計塔はこの街のシンボル。
2. イズニック博物館には、タイルや陶器の制作工程や絵柄の意味などの解説もあり興味深い。

3.当時のまま手を加えられず、かすかに見えるフレスコ画が時代の趨勢を物語るアヤソフィア・ジャーミィ。4.ピスタチオのアイス8TL、安くてびっくり。5.4世紀ビから修復を繰り返し千年以上使われた城壁跡。今は野ざらしのまま。6.イェシル・ジャーミィのタイルはもちろんイズニック製で、ミナーレが特別に美しい。

❖ イスタンブールから足をのばして

古代アナトリアの歴史をたどる

Ankara
アンカラ

― Access ―
イスタンブールから飛行機で約1時間、または高速鉄道で約4時間30分

| Map | p12 |

要所要所にかつての砲台がある城壁の最上部からは、アンカラの街を一望できる。©Bilal Kocabas | Dreamstime.com

1. 昔のトルコにタイムスリップした錯覚を覚える、アンカラ城内の街並み。2. 近隣には博物館の有名展示品のレプリカなどを売るみやげもの店がたくさんある。

トルコの首都であり行政とビジネスの街アンカラで、旅の途中に数時間あいたらぜひ立ち寄ってほしいのが、アナトリア文明博物館とアンカラ城跡です。まずは中心部からタクシーで15分ほどの場所にある博物館へ。イスタンブールの考古学博物館は場所柄ローマ帝国時代の展示物が充実していますが、ここアナトリア文明博物館の目玉は古代文明。新石器時代のギョベクリテペ遺跡や青銅器時代のヒッタイト帝国遺跡など、かつてアナトリア（小アジア半島）の地に栄えた古代文明を紹介する展示物がとても充実しています。不思議な形のオブジェやユーモラスな動物像など、歴史好きはもちろん古代伝説やスピリチュアル好きな人も楽しめるはず。

博物館を満喫した後は、ゆるい坂を15分ほど上がってアンカラ城へ向かいましょう。アンカラ城はお城といっても小高い丘に立つ城塞跡で、7世紀頃に建てられた後に各帝国時代に増強改築されました。しばらく廃墟状態でしたが改修が行われ、公開されています。重厚な城壁門をくぐって城内に入り、みやげもの店の前を通り過ぎて城壁の通路やせまい階段を登りきると、アンカラを一望できる物見塔に到着します。

素通りしがちなアンカラですが、トルコ各地の遺跡までは遠すぎて行けなくても、アナトリア大地に栄えた古代文明の一端に触れる時間を過ごすことができます。

3. 新石器時代のギョベクリテペ遺跡から発掘された、古代神殿のオベリスクとされる石碑。**4.** 青銅器時代のヒッタイト帝国の首都ハットゥシャから出土した、太陽を象ったとされる神殿の装飾品。**5.** ユーモラスでころんとしたライオンのレリーフは、新ヒッタイト帝国の遺物。

❖ イスタンブールから足をのばして

地球に会いに行く旅

Kapadokya
カッパドキア

　カッパドキアは中央アナトリア（小アジア半島）の高原に位置し、東西南北100kmにわたって有名な奇石群や渓谷が点在する世界遺産登録地域です。その広い地域にギョレメ、ウルギュップ、アヴァノスの3つの街があり、街から街へと移動するだけでも、車の窓から見える驚異的な自然の造形美に目を奪われます。

　そんな自然の奇跡のような土地ですが、ペルシャ帝国やセルジューク朝から迫害された初期キリスト教時代の遺跡という、人間の奇跡も目にすることができます。キリスト生誕の地イスラエルとトルコは、海を隔ててすぐ。迫害された人々が、陸路海路を経て脱出し、ようやくたどりついたのがア

ナトリアの地だった、ということなのでしょう。何百何千という人々が、難を逃れて隠れ住んだといわれるせまくて暗い地下都市を実際に自分の足で歩いてみると、これだけのものをつくり、そこにじっと隠れ住んだ人々の生きようとする本能にも近い意志の強さと胆力に驚かされ、人間にとっての宗教や信仰の意味を考えずにはいられません。

　そんな地下遺跡から一歩外に出て、まぶしい太陽と青い空、何千年何万年という月日がつくり上げた自然の造形美を目にしたとき、人間は偉大だけれど、自然とときの流れのなかではちっぽけな存在でもあるな、と私はしみじみ感じ、人生に新たな視点が加わったような気付きの旅になりました。

― Access ―
イスタンブールからカイセリまたはネヴシェヒル空港まで飛行機で約1時間30分、街中心部までシャトルバス（要予約）でどちらからも1時間程度

| Map | p12 |

1.カッパドキアのホテルやレストランは、周囲の自然美に溶け込むナチュラルな雰囲気でリラックスできる。
2.カッパドキアといえば気球ツアー。毎朝、メルヘンの世界のような光景が広がる。Photo: selimsendal

159

現地在住者が案内する
カッパドキアの楽しみ方

カッパドキアで旅行代理店を営むサイマズ陽子さんに、おすすめのスポットを案内してもらいました。

はずせない見どころ

エリア内に見どころが点在しているので、1日でまわりたい場合は現地ツアーを利用するのもいいでしょう。

Derinkuyu Yeraltı Şehri
地下都市
———

カッパドキアには多くの地下都市が存在し、すべてが地中でつながっているという説も。まだまだ解明されていない謎と神秘のスポット。

Paşabağları Ören Yeri
パシャバー野外博物館
———

キノコ岩や、隠遁者たちが隠れ住んだ洞窟が点在するオープンエアの博物館。

Peribacaları Vadisi
妖精の煙突
———

住居であった洞窟内から漏れる灯りと煮炊きの煙が立ち上る様子から、本当に妖精が住んでいると思われたのが名前の由来。

Devrent Vadisi
ラクダ岩
———

イマジネーション・ヴァレーと呼ばれるエリアには、このラクダ岩のほかなにに見えるか想像をかきたてられる不思議な形の岩がたくさんあります。

Göreme Açık Hava Müzesi
ギョレメ野外博物館

洞窟を利用した修道院や、岩窟教会を見学できます。

Üç Güzeller
三姉妹岩

てっぺんにまるで帽子のような大きな岩がのった奇岩が寄り添っている様が、姉妹に見えることからこの名前に。

Kızılçukur Vadisiy
ローズ・ヴァレー

ピンク色の岩石の谷に夕日があたると、さらにバラ色になる美しさが名前の由来。その美しさはため息ものなので、日暮れどきにぜひ訪れてほしい場所です。

おすすめの過ごし方

カッパドキアの大自然をさらに満喫できるさまざまなアクティビティをご紹介します。

気球に乗って空から観光する

カッパドキアといえば気球ツアー。万一の事故に備えて、信頼のおける気球ツアー会社を旅行会社やホテル経由で予約を。早朝に出発しますがホテルまでの送迎がツアーに含まれるので安心。悪天候の場合はキャンセルや振替になるので、ぜひ乗りたい場合は2泊するのがおすすめ。

ワイルドに大地を駆けめぐる

ジープサファリや乗馬で、地上から気球を追いかけたり、サンセットの絶景をハントしたり、オフロードをジープで走り抜けたり……。日本ではなかなか体験できないワイルドなアクティビティに挑戦してみては？ 乗馬ツアーは経験者に限られますが、初心者向けのミニツアーもあります。

ひたすらのんびりする

カッパドキアらしい絶景を眺めるカフェでまったりするのもおすすめ。たくさんの気球を眺めつつのんびりと朝ごはんを楽しんだり、あたりを散歩したり。カッパドキアでは、ゆったりとした時間をたくさんとるのが旅を楽しむ秘訣です。

充実した楽しい滞在のために

カッパドキアは広い地域に見どころが散らばっているため、一日観光ツアーを利用して効率よくまわるのがおすすめ。サイマズ陽子さんが営むロティス・ブルー・トラベル社では、日本語で相談や予約ができるうえ、現地在住者ならではの隠れた名所やおいしいレストラン、イベント情報などもシェアしてくれます。

Lotis Blue Travel
ロティス・ブルー・トラベル

— Info —
Instagram @yokosaymaz
E-mail yoko@lotisblue.com

訪れてほしい **レストランとホテル**

せっかくの滞在、カッパドキアならではの天然の洞窟を利用したホテルやレストランを利用してみては？

Fresco Cave Suites
フレスコ・ケーヴ・スイーツ

カッパドキアに来たらぜひとも泊まってほしい洞窟ホテル。元ウルギュップ知事邸を改装したラグジュアリーなホテルです。

— Info —
Eski Kayakapı Girişi, Temenni Mah. Esat Ağa Sok. No.:15 Ürgüp/Nevşehir / 0384-341-6660 / www.frescomansions.com / スイートルーム €400〜 / 全17室

1. 洞窟を利用した客室は、夏は涼しく冬はあたたかい。2. 知事邸の居室をリノベーションしたクラシックな雰囲気の客室も。

Barbarian Restaurant
バーバリアン・レストラン

洞窟家屋を改装したレストラン。まるで異世界トリップしたかのような雰囲気のなかで、おいしい肉料理や地元産ワインを楽しめます。

— Info —
Temenni Mah. Bey Sok. No.:4 Ürgüp/Nevşehir / 0384-341-7474 / www.barbarian.com.tr / 11:30〜24:00、無休

1. 石づくりの壁と低い天井、絞ったライトが洞窟の雰囲気を演出。2. カッパドキアの大地で放牧された新鮮な牛肉や羊肉は格別のおいしさ。

カッパドキア名物、テスティ・ケバブ

赤土の陶器で有名なアヴァノス産の素焼きの壺で、じっくりと蒸し煮にされたラムのトマト煮。目の前で壺の首をちょんと落としてくれるのが楽しい。カッパドキアのレストランならたいていあるメニューなので見かけたらぜひ。

❖ イスタンブールから足をのばして

歴史のなかを歩く旅

Efes
エフェス

1. エフェスといえばビール！銘柄の由来の街で飲む味は格別。2. 聖母マリアの家近くには、願いごとを叶えてくれるといわれる聖水の泉がある。

　青い空に映える白い大理石のローマ遺跡……ここは本当にトルコ？
　意外に思うかもしれませんが、トルコ東部エーゲ海沿岸には、ギリシャ・ローマ時代の古代都市遺跡がいくつもあります。なかでもここエフェスは、本国イタリアやギリシャに残る遺跡よりも保存状態のいい、ほぼ完全な古代都市遺跡として知られています。広大な敷地のなかには、劇場、神殿、図書館、商店街、ローマ浴場に公衆トイレ、なんと売春宿まであって、自由に歩いて見学ができるのです。2000年以上も前に基本的な都市機能がほぼそろっていたことにも、ほぼ当時の姿のまま現在まで野ざらしで残っていることにも驚かされます。

　もうひとつの見どころは、初期キリスト教関連の旧跡です。エフェス遺跡の近隣には、聖母マリアが晩年を過ごしたといわれる聖母マリアの家や、使徒ヨハネの墓所に建てられた聖ヨハネ教会など、キリスト教の誕生とトルコの深い関連を物語る場所があり、興味をかきたてられます。
　エフェスへの旅は、歴史と宗教の旅。教科書や本のなかの出来事や伝説と思っていたことが、現実とつながる「実際にあった過去」だと体感できるのがエフェス観光の醍醐味といえるでしょう。楽しい旅の途中で、そんな大人の社会科見学もいいものです。

— Access —
イスタンブールからイズミールまで飛行機で約1時間、イズミールから起点となる都市セルチュクまでバスで約1時間30分。セルチュクから遺跡まではタクシーで約30分。イズミール発日帰り観光ツアーを利用するのが便利

| Map | p12 |

ここに注意！

夏場はかなり暑くなるので万全な暑さ対策が必要。ゲートを入ると広大な遺跡敷地内に売店はないので、必ず多めに水の持参を。トイレはゲート付近のみ。とにかく歩くので、熱中症対策の服装と歩きやすい靴で訪れよう。

街中心部の広場。右手のマゼウスとミトリダテスの門から、2階建ての商店街があったといわれるアゴラ広場へ。

3.山の斜面を利用した大劇場は2万4000人を収容できた。ステージにも客席にも自由に入れる。4.この時代から公衆トイレが整備されていたことにびっくり！ 5.勝利の女神ニケアのレリーフ。大きな翼は、ローマ時代にも崇拝されたエジプトの女神イシスのシンボルの影響が色濃い。

旅のヒント

日本からトルコへ

ターキッシュ エアラインズのほか、2025年2月から全日空も直行便を運航予定。所要約13時間。乗継便も多数あります。国際空港にはイスタンブール空港とサビハ・ギョクチェン空港がありますが、多くの国際線はイスタンブール空港に到着します。

イスタンブール空港から街まで

❖ 空港バス Havaist

ハヴァイストという空港バスが市内各方面に24時間往復運行。到着ロビーの下の階の出口を出ると、目の前にバス停が並んでいます。支払いはイスタンブール・カード（右記）のみで、料金は行先により200TL前後。案内板に従って、滞在先の最寄り方面行のバスの停留所を探して乗車します。所要時間は各方面1時間～1時間30分程度。

Havaist
www.hava.ist
※時刻表は空港で確認を。また予定時間より早めに出発する場合もあるので余裕を持って乗り場へ行くこと

❖ メトロ Metro

2023年に空港に11号線が開通しました。タクスィム駅まで行く場合は、終点のガイレッテペ駅で2号線に乗り換えます。所要は1時間弱。11号線と2号線は直結していないため、大型スーツケースを持参している場合は移動が少し大変です。

❖ タクシー、ホテルの送迎車

到着ロビーの出口を出て目の前がタクシー乗り場です。空港から旧・新市街まで約1時間、料金は1500～2000TL前後が目安。料金トラブルが多発しているので、空港で料金を確認してから乗車を。

ホテルの送迎サービスを利用する場合、到着出口で案内板を持った送迎係と待ち合わせることが多いです。

市内の移動

❖ イスタンブール・カード İstanbul Kartı

市内の公共交通機関で使えるチャージ式プリペイドカードで、空港や各駅の改札脇、船着場などにある券売機で購入（カード発行料130TL）しチャージします。入場時のみ改札のカードリーダーにタッチします。乗車料金は路線や距離により17.7～20TL。2時間以内の乗り継ぎであれば、メトロからトラムヴァイなど異なる交通機関に乗り継ぐ場合も、割引料金が適用されます。1枚のカードを数人で使うこともできますが、その場合には乗継割引が適用されません。1回券もありますがほぼ使われていません。

❖ メトロ Metro

新市街、旧市街、アジア側に地下鉄網が広がっています。M字のマークがメトロ駅の看板。全11路線あり、滞在中は新市街と旧市街をつなぐ2号線をもっとも利用することになるでしょう。

Metro İstanbul
（市営鉄道網情報）
www.metro.istanbul

❖ トラムヴァイ *Tramvay*

現在4路線が運行している路面電車。新市街のカバタシュと旧市街バージュラールを結ぶ1号線が、旧市街の観光に便利です。

❖ ノスタルジック・トラムヴァイ
Nostalgic Tramvay

イスティクラール通りを走る路面電車。

❖ フニキュレール *Fünikűler*

タクスィムとカバタシュを結ぶ地下ケーブルカー。

❖ テュネル *Tünel*

カラキョイとベイオールを結ぶ地下ケーブルカー。

❖ ヴァプール（連絡船）*Vapur*

ボスポラス海峡を往来する連絡船。主なイスケレ（船着場）は、カバタシュ、カラキョイ、エミノニュ、カドゥキョイなど。メトロ、マルマライ、トラムヴァイの各駅との乗り継ぎも便利です。

❖ マルマライ *Marmaray*

ボスポラス海峡を横断する海底鉄道トンネルを通り、ヨーロッパ側とアジア側を結ぶ鉄道。旧市街のスィルケジからアジア側のウスキュダルへの移動に便利。

❖ 路線バス *Otobüs*

イスタンブール市内を網羅しています。車体正面と横の電光掲示板に路線番号と目的地、主な経由地が表示されています。

❖ タクシー *Taxi*

自由がきいて便利なタクシーですが、中心部はいつも大渋滞しているためタクシー事情が非常に悪いのが実情。地元のトルコ人さえも近距離の乗車拒否やぼったくりなどのトラブルが多いのでなるべく使わない、というほどです。旅行者は公共交通機関を使っての移動がストレスが少なくおすすめ。利用する際は、なるべく店やホテルにタクシーを呼んでもらうと安心です。

国内の移動

イスタンブールから他都市に観光に訪れる場合、移動距離が長かったり、アクセスしづらい場所に見どころがあることも。そのため、個人旅行ならイスタンブール発着のツアーを利用するのもおすすめです。個人で公共交通機関を使って訪れたい場合は、飛行機や中・長距離バス、まだ路線は限られていますが高速鉄道などでの移動が可能です。

❖ 国内線 *İç-hat Uçuşu*

イスタンブール空港およびサビハ・ギョクチェン空港から、ターキッシュ エアラインズ、ペガサス航空やAジェットなどのLCCが発着しています。

❖ 旅のヒント

❖ **高速鉄道** *Yüksek Hızlı Tren*

アジア側で高速鉄道網が開発中。現在、イスタンブール〜アンカラ間を4時間30分で移動できるほか、アンカラ〜コンヤ間も1時間30分でつなぎます。アジア側の始発駅はソウットルチェシメ（Söğütlüçeşme）駅です。

❖ **中・長距離バス** *Otobüs*

オトガル（Otogar）と呼ばれる中・長距離バス・ターミナルから発着。行先により運行会社が異なりますが、メトロ（Metro）、ニリュフェル（Nilüfer）などが大手バス会社として有名です。

❖ **高速フェリー** *Feribot*

ブルサなどへ運航する高速フェリーの埠頭があるのは、イェニカプやカドゥキョイなど。ヴァプールの船着場とは離れていることもあるので事前に確認を。

お金

❖ **現金**

トルコリラ（TL）は、日本でも一部の空港で換金できますが、レートが非常に悪いためトルコ到着後に換金するのがおすすめ。両替商は街中に多くありますが、最近日本円を扱う両替商が減ってきています。タクシー、みやげもの店ではリラ払いですが、ブランド店や絨毯などの高額商品の店では、ユーロかドル払いがよろこばれます。

❖ **クレジットカード**

繁華街の店、レストランやショッピングモールでは、クレジットカードを使えるところがほとんど。VISAカードやMasterCardなどがおすすめです。

クレジットカードのキャッシングを利用したい場合は、街なかのキャッシュディスペンサーで。メトロの駅構内や、大きなショッピングモールの一角、銀行の外などにあります。カードが戻ってこないなどのトラブルに備えて、銀行の営業時間中に店内で利用するのが安全です。

❖ **チップ**

イスタンブールの観光地や繁華街には、チップの習慣があります。あくまでも受けたサービスへの心づけなので5〜10%程度を目安に。現金払いならチップを含むきりのいい金額を渡し、カード払いなら、チップ分は小銭を現金で渡せばスマート。ただし、観光地ではもともとサービス料が加算されていることもあるので、ヘサップ（伝票）をまず確認するのを忘れずに。トルコのレストランはほとんどが席での会計です。

電圧とプラグ

電圧220V、周波数50Hzがトルコ国内のスタンダード。日本の電化製品は海外対応のもの以外は変圧器が必要です。海外対応品は、プラグ形状がCタイプ、もしくは組み換え式の全世界対応の変換プラグがあれば使用できます。

通信手段

携帯電話の普及で公衆電話はほぼ見かけません。無料Wi-Fiスポットもありますが、やはりローカルSIMの購入が便利。イスタンブール空港の到着ロビーに店舗があるTürkcell、Vodafone、Türk Telecomの3大キャリアは街中に支店が多く、トラブルの際に助けてもらいやすいのでおすすめです。

主な祝祭日

トルコでは、アタテュルク記念日をはじめとする日にちが決まっている祝日と、シェケル・バイラム（砂糖祭）やクルバン・バイラム（犠牲祭）のようにイスラム暦によって毎年変動する祝日があります。ふたつのバイラム中は休業するところが多いので、旅行計画時にはインターネットでイスラム暦の確認を。なお、ラマザン（断食月）に断食するかは個人の選択で、観光地の飲食店はほぼ平常通り営業します。

トイレ事情

空港やホテル、レストランのトイレはほとんどが洋式です。場所により和式に近いトルコ式のところも。有料トイレの入口には、5～10TL程度の利用料金が表示されているので、先に支払ってから入ります。

街なかのトイレを利用する際は、使用後のトイレットペーパーをうっかり流さないようにご注意を。備えつけのゴミ箱に捨てます。うっかりすると、詰まったりあふれたりして思わぬトラブルになるので気をつけて。

体調管理

イスタンブールの水道水は飲用に適さないので、必ずミネラルウォーターを飲むこと。

衛生面では、設備の整ったレストランやロカンタはほとんど問題ありませんが、夏場に魚介類を食べるときには、レストランなどが安心。また、トルコ料理は意外と油（主にオリーブオイル）の使用量が多く、慣れない油は疲れた胃腸に負担が大きいことも。おいしいからといって食べすぎには注意しましょう。

万一の場合には、薬局エジザーネ（Eczane）で風邪薬、解熱剤、咳止め、胃薬などが処方箋なしで購入できます。

トルコの日差しは思いのほか強く、かつ一日の寒暖差が大きいので、サングラスや日焼け止めの持参を。防寒とモスク観光のために、ショールは必須です。

治安

旅行客の多い繁華街は、ツーリスト・ポリスの巡回もあり、治安の心配はほとんどありませんが、スリやひったくり、置きびきに注意する、人気のない裏通りへは行かないなど、一般的に海外旅行で注意すべき点

旅のヒント

は守りましょう。

また、2024年10月現在、外務省の海外安全ホームページ（www.anzen.mofa.go.jp）にて、イスタンブールおよび南東部は「十分注意」、シリア国境付近は「渡航中止と退避勧告」になっています。旅行前に改めて確認してください。

在アンカラ日本国大使館
Japonya Büyükelçiliği

Reşit Galip Cad. No.:81
Gaziosmanpaşa , Çankaya/Ankara
Tel 0312-446-0500
www.tr.emb-japan.go.jp

在イスタンブール日本国総領事館
Japonya Başkonsolosluğu

Esentepe Büyükdere Cad.
Tekfen Tower No.:209, 4.Levent/Şişli/İstanbul
Tel 0212-317-4600
www.istanbul.tr.emb-japan.go.jp

| Map | p6 A-1 |

女性の旅、気をつけること

トルコ人は、新しいもの、めずらしいものが大好き。イスタンブールではもはやありませんが、地方都市ではじっと見られることも。興味本位で悪気はないことがほとんどなので、気にしなくて大丈夫。親日家が多く、好奇心から話しかけたくてうずうずしているのかもしれません。偶然出会った現地の人たちとの交流を楽しむのも、旅のいい思い出になるでしょう。ただし、とても残念なことに、繁華街、とくに旧市街には観光客を目当てにした連中がウロウロしていて、多くのトラブルが発生しているのも事実。単なる客引きもたくさんいるけれど、いわゆる恋愛商法・詐欺を目的として日本人女性に近づくケースも多いよう。トラブルを避けるためには「普段日本でしないことはここでもしない」ことが大切。

◎服装

トルコ、とくにイスタンブールでは、日本と同じような格好で大丈夫。飲酒、タバコもOKです。モスクなどの宗教施設を観光する際には、髪を隠すショールを持参し、あまり露出度の高くない服装が望ましいです。

◎はっきり断わる

話しかけられても、その気がない場合、はっきり断わる、あるいは、ちょっと気がとがめるかもしれませんが無視すること。話しかけられて相手をするというのは、その気がなくもないととられます。イヤなら最初から答えないか、No! とはっきりいって、できればその場を離れて。中途半端に相手にしないのが肝心です。

◎ついて行かない

誘われてついて行くのは、その気があるととらえられます。自分の店に、知り合いの店に、ごちそうするからお茶でも——と誘われても、その気がないのならはっきりと断って。無理矢理連れていかれそうになったら、日本語でも英語でも、大声を出せば必ず誰かが助けてくれるはず。イスタンブールは開放的といってもイスラム圏。ムスリマ（イスラム教徒の女性）にはしないことを外国人女性には平気でする悪い輩が、やさしくてかわいい日本人女性たちを狙っていることを気に留めて行動しましょう。

トルコ語ひと言会話&単語集

ほんのひと言のトルコ語で、
現地の人とのコミュニケーションが楽しくなる!

Merhaba メルハバ
こんにちは
一日中使えるあいさつ。ほかに時間帯によって使い分ける表現も(下記)。店やレストランに入るときに一声かければ好感度アップ!

朝
Günaydın ギュナイデン
おはようございます

暗くなったら
İyi akşamlar イイ アクシャムラール
こんばんは

夜中
İyi geceler イイ ゲジェレール
こんばんは

Teşekkürler テシェッキュレール
ありがとう
覚えにくかったら、「ティッシュくれ~」といってみて。なんとなく通じるはず。ていねいにお礼をいいたいときは、テシェッキュール エデリム Teşekkür ederim (どうもありがとうございます)。「どういたしまして」はリジャ エデリム Rica ederim。これも一緒に覚えよう。

Lütfen リュトゥフェン
お願いします
英語のPleaseに近い。ほしいもの(名詞)+リュトゥフェンで、「~をください」の意になる。お水(su)がほしければ、ス リュトゥフェン。

Bakar mısınız? バカール ムスヌズ
すみません
お店の人を呼びたいときなど、人の注意を引くときに使う。

Evet / Hayır エヴェット/ハユール
はい/いいえ

Güzel ギュゼル
美しい、よい、おいしい

Harika ハーリカ
素晴らしい

Hesap ヘサップ
勘定
食事が終わったら店の人に、ヘサップ リュトゥフェンと声をかけよう。

Nererde? ネレデ
どこ?
場所をたずねる疑問詞。「トイレはどこ?」はラバボ ネレデ。

Lababo ラバボ
トイレ

Kasa カサ
キャッシャー

Ne kadar? ネカダル
いくら?
値段や量をたずねる疑問詞。「これはいくら?」はブ ネ カダル Bu ne kadar?

数字
1 bir ビル
2 iki イキ
3 üç ウチュ
4 dört ドルト
5 beş ベシ
6 altı アルトゥ
7 yedi イェディ
8 sekiz セキズ
9 dokuz ドクズ
10 on オン
100 yüz ユズ
1000 bin ビン

太字にアクセントを置くとトルコ語っぽく聞こえるよ!

Index
イスタンブール

旧市街

◈見る・体験する
アヤソフィア・ケビル・ジャーミィ モスク …… 26
イスタンブール考古学博物館 博物館 …… 30
スルタンアフメット・ジャーミィ（ブルーモスク）
　　モスク …… 24
スレイマニエ・ジャーミィ モスク …… 33
地下宮殿 貯水池 …… 31
チョルル・アリ・パシャ・メドレセスィ
　　ナルギレカフェ …… 147
トゥルヨル クルーズ …… 56
トプカプ宮殿 宮殿 …… 20
トルコ・イスラム美術博物館 博物館 …… 33
ヒュッレム・スルタン・ハマム
　　ハマム …… 148
ホジャパシャ・クルトゥール・メルケズィ
　　ダンスショー …… 151
ミフリマー・スルタン・ジャーミィ モスク …… 32
リュステム・パシャ・ジャーミィ モスク …… 28

◈買う
エジプシャン・バザール バザール …… 44
エロラール・ハル・カーペット＆キリム
　　絨毯、キリム …… 42
オズチニ 陶器、雑貨 …… 43
グランド・バザール バザール …… 40
ジェンネット 雑貨 …… 45
デレギョズ スザニ、イカット …… 42
問屋街 雑貨 …… 48
ハンディクラフト・グランドバザール
　　モザイクランプ …… 43

◈食べる・飲む
イエディ・ミラ トルコ料理 …… 54
シェフザーデ・ジャー・ケバプ ケバブ …… 50
ターリヒ・ホジャパシャ・ロカンタラール
　　飲食店街 …… 50

ドーアン・ケバブ ケバブ	51
ハフズ・ムスタファ トルコ菓子、カフェ	49
パンデリ トルコ料理	53
ホジャパシャ・ピデスィ ピデ	50
マトバ トルコ料理	52

◎泊まる

アヤ・ソフィア・マンションズ・イスタンブール ホテル	98
オットマン・ホテル・インペリアル ホテル	97
ザ・キベレ・ホテル ホテル	96
デラックス・ゴールデン・ホーン・スルタンアフメット ホテル	98

新市街　ガラタ～カラキョイ、イスティクラール通り～オルタキョイ、その他

見る・体験する

オルタキョイ・ジャーミィ モスク	36
サバンジュ美術館 美術館	111
チュラーン・パレス・ケンピンスキー ホテル	37
ドルマバフチェ宮殿 宮殿	34

◎買う

ガラタポート ショッピングモール	60
サンテ・ワイン＆モア ワイン	135
ナフール 雑貨	75
ハジ・ベキール ロクム	74
パシャ・バフチェ ガラス製品	76
ペラ・ファミリー 雑貨	66
ベンディス・ガラタ アクセサリー、洋服	62
ヤクト・イペッキ 布製品	63

◎食べる・飲む

イェニ・ロカンタ トルコ料理	80
カラキョイ・ギュルルオウル - ナーディル・ギュル トルコ菓子、カフェ	67
カラバタク カフェ	68
クロワッサン カフェ	77
コーヒー・サピエンス カフェ	69
サイート 魚介料理	71
サンカイ・バイ・ナガヤ 和食	81
デベリ ケバブ	79
ノスタルジー・カフェ・カラキョイ カフェ	69
フォクシー ワイン、トルコ料理	78
マド アイスクリーム	77
リマン トルコ料理	70

◎泊まる

ヒルトン・イスタンブール・ボモンティ ホテル	99

アジア側　カドゥキョイ、その他

◎見る・体験する

ベイレルベイ宮殿 宮殿	35
ルメリ・ヒサル 城塞	31

◎買う

エリフ・ヘディエリック 雑貨	88

◎食べる・飲む

ジエールジュ・フルスィ ケバブ	90
ストーリー カフェ	89
チヤ・ソフラス トルコ地方料理	91
バスタ！ ラップサンドほか	90
ベージュ・カフェ カフェ	89
ペンベ・ヤル トルコ料理	95
ムート ストリートフードレストラン	94
ヤンヤル・フェフミ・ロカンタス ロカンタ	93

おわりに

トルコでは今でも、「お友達の紹介」を大事にします。絨毯や宝石を買うとき、お医者さんを探すとき、よいレストランに行きたいとき、みんな「ねぇ、どこかいいところ知らない？」と、その分野にくわしい友人に声をかけ、つてをたどります。

そんなふうに友人たちに紹介してもらった素敵なところをぎゅっとまとめて、この本ができました。食に関するあれこれやとっておきのレストラン情報をトルコ料理研究家として活躍する大濱裕美さんに、カッパドキアのページは現地在住で旅行会社を営むサイマズ陽子さんにご協力いただきました。

また、旧版から引き続きお願いしたさいとうちぐささんのやさしくて素敵な雰囲気の写真、裕美さんのアーティスティックな街角写真、絨毯屋Simsekの趣味レベルを超えた風景写真など、図らずもそれぞれの人の視点で捉えた、さまざまな表情のイスタンブールをこの改訂版ではお見せできました。私事ではありますが17年のイスタンブール滞在を終え東京在住となったため、最後の追加取材や写真提供に協力してくれた友人たちにも感謝いたします。

ということで、改訂版はいわば「友情編」とでも名付けましょうか。この本を手に取ってくださったあなたの「ねぇ、トルコって、いいところ？」「どこかいいところ、知らない？」に、私と私の友人たちがおこたえしています。この本を読みながら、あなたにもトルコに頼りになる友達がたくさんいるような気分を味わっていただけたら幸いです。

最後になりましたが、3冊目となった本書も引き続き担当してくださった編集の鈴木さん、私が今回どうしてもとお願いしたデザイナーの千葉さんのおふたりに支えられて、少し大人っぽく生まれかわったこの本が無事に完成したことに感謝しつつ、終わりの言葉とさせていただきます。

2024年、日土外交関係100周年を寿ぎつつ

クラリチェ洋子

旅のヒントBOOK
新たな旅のきっかけがきっと見つかるトラベルエッセーシリーズ　各A5判

◎お問い合わせ：イカロス出版 出版営業部　ikaros.jp/hintbook/

最新版 スウェーデンへ ストックホルムと小さな街散歩
定価1,980円（税込）

食と雑貨をめぐる旅 悠久の都ハノイへ 最新版
定価1,870円（税込）

芸術とカフェの街 オーストリア・ウィーンへ
定価1,760円（税込）

甘くて、苦くて、深い 素顔のローマへ 最新版
定価1,760円（税込）

最新版 ニュージーランドへ 大自然＆街をとことん遊びつくす
定価1,870円（税込）

デザインあふれる森の国 フィンランドへ 最新版
定価1,870円（税込）

太陽とエーゲ海に惹かれて きらめきの国 ギリシャへ
定価1,870円（税込）

最新版 ダナン＆ホイアンへ 癒しのビーチと古都散歩
定価1,980円（税込）

美食の街を訪ねて スペイン＆フランス バスク旅へ 最新版
定価1,980円（税込）

BEER HAWAI'I ～極上クラフトビールの旅 ハワイの島々へ
定価1,760円（税込）

遊んで、食べて、癒されて タイ・プーケットへ
定価1,650円（税込）

レトロな街で食べ歩き！ 古都台南＆ちょっと高雄へ 最新版
定価1,760円（税込）

素敵でおいしい メルボルン＆野生の島タスマニアへ 最新版
定価1,980円（税込）

南フランスの休日 プロヴァンスへ 最新版
定価1,980円（税込）

魅惑の絶景と美食旅 ナポリとアマルフィ海岸周辺へ
定価1,760円（税込）

心おどるバルセロナへ 最新版
定価1,760円（税込）

太陽と海とグルメの島 シチリアへ 最新版
定価1,870円（税込）

ダイナミックな自然とレトロかわいい町 ハワイ島へ
定価1,980円（税込）

愛しのアンダルシアを旅して 南スペインへ
定価1,870円（税込）

アドリア海の素敵な街めぐり クロアチアへ
定価1,760円（税込）

絶景とファンタジーの島 アイルランドへ 最新版
定価1,870円（税込）

ロシアに週末トリップ！ 海辺の街 ウラジオストクへ
定価1,650円（税込）

かわいいに出会える旅 オランダへ 最新版
定価1,760円（税込）

美食の古都散歩 フランス・リヨンへ
定価1,760円（税込）

※定価はすべて税込価格です。（2024年10月現在）

Photo: いはらほつみ

クラリチェ洋子
Yoko Kraliche

東京都出身、上智大学外国語学部卒。外資系メーカーで企画・マーケティングを担当した後、夫の転勤でイスタンブールに17年在住、2023年に帰国。今までに訪れた国は50か国以上の旅好きで、日本に住所を移してからは国内旅行と日本の伝統文化を満喫中。

◈ Instagram @kralicheyoko
◈ X @kralicheyoko

文・写真 ◆ クラリチェ洋子
協力 ◆ 大濱裕美 (p117-144「トルコのおいしいもの」監修ほか)、サイマズ陽子 (p158-163カッパドキア)、さいとうちぐさ、Simsek Aynacioglu (カバー写真中央)
デザイン ◆ 千葉佳子 (kasi)　DTP ◆ 青山美香
マップ ◆ ZOUKOUBOU　編集 ◆ 鈴木利枝子

改訂版
トルコ・イスタンブールへ
──エキゾチックが素敵

2024年11月15日　初版第1刷発行

著者	クラリチェ洋子
発行人	山手章弘
発行所	イカロス出版株式会社
	〒101-0051
	東京都千代田区神田神保町1-105
	tabinohint@ikaros.co.jp (内容に関するお問合せ)
	sales@ikaros.co.jp (乱丁・落丁、書店・取次様からのお問合せ)
印刷・製本	日経印刷株式会社

乱丁・落丁はお取り替えいたします。
本書の無断転載・複写は、著作権上の例外を除き、著作権侵害となります。
定価はカバーに表示してあります。
©2024 Yoko Kraliche All rights reserved.
Printed in Japan　ISBN978-4-8022-1523-7

旅のヒントBOOK SNSをチェック!

※海外への旅行・生活は自己責任で行うべきものであり、本書に掲載された情報を利用した結果、何らかのトラブルが生じたとしても、著者および出版社は一切の責任を負いません。